U0522278

内 容 提 要

西方有句俗语:"你就是你所穿的!"虽然谈论形象看起来很肤浅,但现实是:没有人愿意通过你邋遢的形象了解你的内在。国际形象设计师英格丽·张则认为:良好的形象对个人的成功起着关键作用。形象如此重要,那么我们该如何提升与改善呢?

在本书中,作者根据多年的教学实践,从仪容仪表、服饰穿搭、仪态气质、待人接物等方面着手,旨在短时间内让读者了解形象礼仪的基本常识,从而从容地面对工作与生活。

图书在版编目(CIP)数据

1小时形象礼仪 / 李宛遥著. ——北京:中国纺织出版社有限公司,2022.11
ISBN 978‐7‐5180‐9607‐7

Ⅰ.①1… Ⅱ.①李… Ⅲ.①心理交往—礼仪—通俗读物 Ⅳ.①C912.1-49

中国版本图书馆CIP数据核字(2022)第101799号

责任编辑:刘 丹　　特约编辑:武亭立
责任校对:楼旭红　　责任印制:储志伟

中国纺织出版社有限公司出版发行
地址:北京市朝阳区百子湾东里 A407 号楼　邮政编码:100124
销售电话:010—67004422　传真:010—87155801
http://www.c‐textilep.com
中国纺织出版社天猫旗舰店
官方微博 http://weibo.com/2119887771
北京华联印刷有限公司印刷　各地新华书店经销
2022 年 11 月第 1 版第 1 次印刷
开本:880×1230　1/32　印张:8
字数:125 千字　定价:58.00 元

凡购本书,如有缺页、倒页、脱页,由本社图书营销中心调换

序

"仓廪实而知礼节,衣食足而知荣辱。"在当今社会,形象一定要走在能力的前面!一个人拥有好的形象,才会有更好的运气。但是什么是好的形象呢?如何拥有好的形象呢?在从事形象礼仪教学工作中,我遇到过很多学员,他们因不懂形象礼仪,在事业晋升或家庭经营中频繁受挫;因不懂形象礼仪,无法拥有经营幸福的能力;因不懂形象礼仪,无法成为孩子最好的言传者和身教者。

俗话说,喜欢一个人,始于颜值,忠于人品。如果连第一关都没有过,又如何指望别人看到你的才华和人品呢?很多人都喜欢用自己的感知来衡量一个未知的人,陌生人看到你的第一眼,在不知晓你的学历、家境、财富的情况下,你的穿着打扮、言行举止等都是他人衡量你的标准,在很大程度上决定了你在别人心目中的价值。以貌取人是人类的天性,外在形象直接影响着别人对你的印象,比如,衣着得体的人总会带有一种做事井井有条、思路清晰、值得信任的正能量。

爱美之心，人皆有之。线下课程的学员都希望自己的形象更高雅。随着时代的发展，人们学习的意识也越发强烈，当提升了形象、学习了礼仪，你才能获得更多机会并能抓住更多机会。

我根据自己多年的教学实践心得和经验，对广大学员在形象礼仪方面存在的问题进行了剖析，秉承"内外兼修"的教学初心，分析了困惑的根源，希望以专业的能力帮助更多人士解决当前的问题。同时，本书以通俗易懂的语言告诉大家如何提升自身的形象礼仪，以实用的方法指引人们如何用良好的形象礼仪从容面对生活，在社会交际中游刃有余，抓住更多的机会，改变自己的命运。

亲爱的朋友们，从现在开始，让我们关注自身的形象和礼仪，用心修炼，成为形象大方得体，举手投足赏心悦目的人；让我们在岁月的沉淀中保持优雅与从容，为自己创造更多的机遇和更美好的人生！

李宛遥

2022 年 3 月

目 录

第一章 你的形象价值百万

1. 第一次见面，让别人记住你的魅力… 2
2. 三招给对方留下好印象… 8
3. 形象一定要走在能力前… 14
4. 你可以成为女神… 20
5. 六步法打造气质女人… 24
6. 富不等于贵… 33
7. 你看起来像谁，比你是谁更重要… 39
8. 内外兼修才是最高级的美… 43

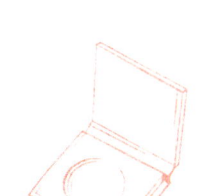

第二章 容颜美，好故事的开始

1. 懂一点化妆技巧很重要… 52
2. 让你的皮肤更年轻… 58
3. 从零开始学化淡妆… 63
4. 你的美丽从"头"开始… 70

第三章　今天，你穿对了吗

1. 每天出门，到底穿什么…　78
2. 流行的不一定适合你…　85
3. 穿出你的气质…　89
4. 选对色彩，穿对衣…　95
5. 饰品，戴出美的格调…　103
6. 根据身材穿对衣…　109
7. 职场魅力穿衣秘籍…　115
8. 学会为衣橱断舍离…　120

第四章　仪态，永不过时的衣服

1. 美在形体，雅在仪态…　128
2. 坐姿学问多…　132
3. 站出你的风姿…　136
4. 学会微笑，好运的开始…　142
5. 与人沟通，怎样的眼神才得体…　148
6. 手部姿态在不同场合的运用…　152
7. 提升气质的四个关键点——颈、肩、腰、腿…　158

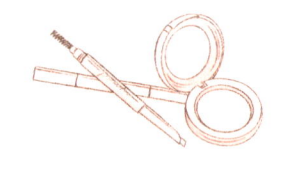

8. 走出风度和气质… 165

9. 优雅的蹲姿… 170

10. 高贵的鼓掌… 174

11. 鞠躬礼仪分场合… 177

12. 别让不雅的动作出卖了你… 181

第五章 知礼懂礼，有礼走遍天下

1. 礼仪之邦，要守礼… 188

2. "礼"到用时方恨少… 192

3. 不伤和气的拒绝技巧… 197

4. 好好说话… 203

5. 与人握手学问大… 210

6. 微信礼仪不可忽视… 217

7. 宴请，吃出来的机会… 223

8. 职场中的拜访礼仪… 230

附录　作者培训现场及相关活动的照片　237

第一章
你的形象价值百万

1. 第一次见面，让别人记住你的魅力

众所周知，第一印象是非常重要的。外在美比内在美更容易让人看到，因为我们习惯用自己的感知去衡量和判断一个人。人与人的相识都是从第一印象开始的，第一印象一旦形成，将很难改变。

心理学家研究发现，人与人在见面的前7秒中就下定论了，这几秒的时间可能决定了一个人的命运。在当下快节奏的社会中，人们更愿意花最短的时间去认识一个人，而不愿意花很长的时间去了解一个人。

自古以来，因为第一印象不好而吃亏的人不在少数。三国时期，庞统去投靠孙权，但是因为相貌丑，孙权并不看好他，因而没有得到重用。后来，他又去投靠刘备，刚开始刘备也因为庞统其貌不扬，只让他做一个小小的县令，最后，庞统才因自己的真才实学而被刘备任命为军师。

在教学过程中，我也看到过太多的人在面试求职、拜访客户、相亲等各种场合中因给别人的第一印象不够好，不得已与好的机会失之交臂，连证明自己能力的机会都没有。

的确，个人 IP 的打造，对个人的全方面发展非常重要，做内外兼修的人也是我一直倡导的方向，你的外在决定别人是否愿意和你交往，而你的内在决定别人想和你交往多久。这就应了我经常给学员分享的一句话：如果你不能在 7 秒内打动别人，就要花 7 年的时间来证明你的优秀。

因此，想让别人记住你，首先要给对方留下好印象，只有印象好了，对方才会有兴趣发现你的内在，进而才能有更深度的连接。接下来我要给大家分享奇妙的三步人格魅力养成术，全面提升你的个人魅力。

形象是你的一张名片

你的形象就是自己最好的代言，形象是一个人留给他人的总体印象，通过发型、相貌、衣着、语言、举止等来综合呈现。

曾经有学员认为，一个人内在的学识很重要，外在的形象只是虚荣心作怪罢了。这个观点是不正确的。大家想一下，我们在超市买土豆，是不是还想挑个颜值高的呢？何况是人呢？每个人都喜欢美好的事物,每个人都擅长"以貌取人",当然,你也可以不以貌取人,但并不等于别人不以貌取你。

因此,从现在开始,要重视你的外在形象,让它成为你的一把撒手锏。

注意仪态举止

气质来自哪里?我分享给学员的两个字是:静和动。

一个人的外在形象是静止的,包括发型、相貌、衣着等,一个人站在那里,是优雅的形象还是邋遢的形象?这属于静。但人不能像雕塑一样，一动不动，总是要有动的展现，比如一颦一笑、举手投足，这些同样重要，很多时候这是一个人心理的彰显，也是一个人的素质和内在修养的体现。

男士要尽量做到沉稳儒雅，女士要做到优雅大方。不可以抖腿，不可以东张西望，与人交谈时不可以频繁出现小动作等，这些细节一定要注意。想提升个人魅力，在日常生活中，我们需要注意的是站、坐、行、蹲等举止动作，不要有过多的小动作，要做到"提""展""定"。

所谓"提"——一个人要有精气神，才能有气质；"展"——动作要舒展，比如挺胸抬头，双肩要打开，否则就会扣肩驼背；"定"——所有的动作不要频繁地动，比如指向一个位置，就要定一下，才能让人觉得很稳重、很舒服。

👑 谈吐礼仪见修养

"良言一句三冬暖，恶语伤人六月寒"，每个人要学会用"爱语"结善缘，很多时候，一句理解同情的话，就能给人很大的鼓舞，即使处于寒冷的冬季也能让对方备感温暖；而一句不合时宜的话，会刺伤人们脆弱的心灵，即使在夏季，也让人感到阵阵寒意。因此，我们要成为一个会说话的人，讲好话的人。

首先，要学会少说多听。没有人喜欢滔滔不绝的"话匣子"，这也是为何一个人长两只耳朵却只有一张嘴巴的道理了。言多必失，要做一个会倾听的人。

其次，提升语言的高级感，谈吐中不要有太多的口头禅。我听到很多人讲得最多的口头禅是：然后、那么、嗯……想克服这些口头禅，需要改变说话的习惯，尽量放慢语速，想说口头禅的时候，就闭口不言，停一下。起初会觉得很不舒服，但是21天会养成一个习惯，学会坚持，你的语言习惯就会逐渐改变。

再次，要控制说话音量。俗话说得好"自古贵人声音低"，一个有修养的人不会让自己的声音打扰到别人。没有特殊的场合，就不要用太大的音量讲话，特别是在公众场合，这不仅会影响别人，同时也是对别人的不尊重。经常听到有人在火车上打电话，声音很大，整个车厢都听得到，这就会影响到别人。

宛遥说礼小贴士

✓ 穿衣要考虑身材。身材矮胖的人，应避免选择过于鲜艳和大图案的衣服，而应穿着垂直线条式样、颜色素雅的服装。

✓ 穿衣要考虑肤色。肤色白皙的人选择颜色空间很大,而肤色黝黑的人则最好选择素雅的颜色,不要穿着过于鲜艳的色彩。

✓ 衣着搭配要协调。注重上衣与下衣的质地、款式相配,要讲究场合、色彩的和谐统一。

2. 三招给对方留下好印象

子贡说：如果虎豹的皮没有了纹路，那么和狗皮有什么差别呢？我们自己本身就像是一个产品，需要做的是把自己销售出去，而首先就要面对自己的形象包装问题。你是一个贵妇还是妖艳女子，是职场精英还是家庭主妇，大多是通过你的形象展示出来的。不同的装扮，会吸引不同的人。有的人穿着五颜六色，往往在不合时宜的时候就有些哗众取宠，更有甚者，穿衣打扮"袒胸露乳"，这样的打扮就会吸引同级别的异性。反之，你打扮得很高级，就会吸引更好的人。另外，很多女人不注重细节，比如牙齿上有韭菜叶，一笑就很尴尬；指甲里都是黑的；头发总是油腻……这些细节都需要做好，才能为自己的第一印象赢得高分。

外在即本质，相由心声。根据我多年的培训心得，只要遵循以下方法，你就可以给对方留下好印象。

♛ 穿搭要得体

在社交场合中,最先呈现给对方的是你的外在形象,而穿着是其中最重要的一个因素。

第一,穿衣要整洁

经常看到一些宝妈,出门前,没有好好审视一下衣服上的脏渍,就直接出去了。一个小细节往往会让对方大跌眼镜。因此,穿衣一定要整洁,这是首要条件。

第二,穿衣要简单

很多学员问道:"老师,不知道穿什么才好?"其实很简单,无论你穿着什么,一定要记住三色原则,穿着一定要简单,不要花里胡哨,不要盲目追求流行。

第三,穿衣要和谐

什么才称得上是穿上了最好的服装?其实就是和谐。穿衣要与身材、肤色、年龄等和谐,同时既要配合自己

的身份，也要配合对方的身份，这样有助于彼此的沟通。如果你与性格开朗的人接触，宜穿颜色鲜明的衣服，如红色、黄色等；如果对方性格较保守严肃，宜穿颜色较低调、款式较保守的衣服，如深蓝色、黑色、灰色等。同时，衣服要合身，得体。

除了服装外，还要注意自己的仪容。女性出门要化淡妆，要有适合的发型。请务必把头发梳理整齐，如果是在正式的商务场合，建议盘发，体现出干练、专业度及信任感。

体态要优美

你的体态展现出生活的姿态。如果含胸驼背，就很难成为有气场的人，如果小动作太多，就很难高雅。

当我们看到，一个人坐在那里不停地抖腿，你会有什么感觉呢？体态要挺拔。挺拔不仅可以展现气质，还可以表现出自信和从容，心态上的改变看起来毫无影响，但是情绪是具有感染力的，你的情绪在一定程度上会影响到周围人的情绪，所以与人初次见面时要保持自信和从容的心态！

"军姿体态"、舞蹈的姿势都是挺拔的，而且整个人的状态是积极向上的。挺拔的姿态展现着你自信的气质和状态，没有人不喜欢一个自信的人。情绪是有感染力的，与人初次见面，自信和从容的心态将为你增色不少。相反，驼背、头前倾都会让人避之三舍。

含胸驼背足以压低一个人的气场，更别说对气质和形象的拿捏了。就算是同一张脸，仅仅是体态不同，身姿挺拔的那一位也更显优雅大方。

♛ 沟通要有"礼"

沟通中最重要的是学会倾听，多听少说。在听的过程中，还要注意自己的表情，目光应当专注，不可眼神呆滞，眼珠一动不动，愣愣地盯着对方；或是东张西望，四处"扫瞄"，也是不得体的。

表情要与对方讲的内容相配合，根据对方讲话的内容，表示出惊讶、惊喜、同情、理解等情绪，让别人感觉到你的专注与用心。身体主动前倾、眼神的交流都是认真倾听的表现。认真倾听的姿势可以让人有一种被需要、被重视的感觉。

当下有很多人在倾听别人讲话时，会不时地看手机，无视对方的讲话，这是对别人的不尊重。无论在餐桌上还是在洽谈中，请把手机收起来，专注聆听，而不是敷衍。在会议中，手机还要调整为静音状态。

除倾听外，还要学会巧妙运用语音、语调等方式提升自己的魅力。

第一，注意语音。

自古贵人声音低。越是在公共场合，越要压低自己的音量。我们会发现，越是在高档的餐厅，我们听到的声音是越低的，可能只听得到盘子、刀叉的声音；越是在低档的餐厅，声音越吵，可能两人面对面说话，都需大声去讲，才可以被听到。越是有修养的人，越注重声音的音量，只要交谈对象听清楚就可以了。如果大喊大叫，就会影响别人，而且会让别人觉得自己缺乏教养。记得有一次乘坐高铁时，听到后面的乘客在打电话，声音很大很吵，整个车厢的乘客都在听他一人讲电话，这样的人是很难给别人留下好印象的。

第二，注意语调。

与人交谈时，要亲切和蔼，不可咄咄逼人。如何提升自己讲话的亲和力？首先要学会养成讲话时提颧肌的习惯，一是声音听起来亲切温和，二是表情看起来更有亲和力，不会觉得你不好相处。如果总是耷拉着脸，就会让人觉得你是很难相处的。另外，说话时还要多用扬声，让交谈者听起来舒服悦耳。比如"把那本书给我拿过来！"可以换成"帮我把那本书拿过来好吗？"一个语调的差别，听者的感觉就会有天壤之别。

第三，注意方式。

很多人讲起话来滔滔不绝，成了典型的"话霸"。在与人沟通时,不要一直讲,要多听少说,不要讲无关的话题。讲话时,还要注意语言的高级感,而降低高级感的最主要因素是有口头禅。经常听到的口头禅有:啊、然后、那么……而这些会快速扼杀语言的高级感。因此,要克服口头禅,提升自己的语言魅力。

宛遥说礼小贴士

✓ 想给对方留下良好的印象,一定要在个人仪表、仪态和说话技巧上下功夫。

✓ 在公共场合,要养成站姿挺拔的习惯,会让你更有气质、更贵气。

✓ 初次与人相识,不要问年龄、婚姻、收入、健康、经历等方面的问题,这才是最安全和优雅的行为。

3. 形象一定要走在能力前

当下社会，一个人的外在形象非常重要。很多人喜欢以自己的感觉来衡量一个未知的人，通过对方的整体形象猜测他的身份、社会地位、经济条件等，从而决定是否进行深度的合作或交往。

只有先喜欢上对方，才愿意或有兴趣去发现他内在的优秀。尤其是作为女人，你必须精致。没有人有义务透过连你自己都不在意的邋遢外表去发现你优秀的内在。

第一印象中的"55387"定律告诉我们，在初次见面给人留下的印象中，穿着打扮占55%，肢体动作及语气占38%，而谈话内容仅占到7%。可见注重第一印象和外在形象，对事业和生活起到多么重要的作用啊！

♛ 好形象带来更多机会

一个形象良好的人比一个形象邋遢的人往往会获得更多的机会,例如两位大学毕业生,无论从学历上还是能力上,都没有太大的差别,但是机会总是偏爱形象良好的人。

为什么同一家公司的同一件产品,由不同的业务员来卖,结果却不一样呢?除了专业性外,有一点是不容小觑的,就是你的形象,你带给客户的感觉是很重要的,在这个世界上不缺少好产品,而是缺少好卖手。在销售中有一句很经典的话:客户见面就喜欢,马上就买单;客户见面就讨厌,立刻说再见。

记得我有一位学员,博士毕业后,一直未找到人生中的另一半,相亲多次,也没有结果。她来到我的线下课程时说出了自己的困惑,妈妈从小就告诉她,女孩子在学校就是要好好学习,其他的都不重要,更不必为穿件漂亮的衣服、扎个好看的辫子而分心。所以,在这么多年的学业生涯中,她是班级的"学霸",但却忽视了外在的形象美。

第一次见面的时候,她戴着眼镜、头发蓬乱,整体看上去还有些油腻、邋遢的感觉。但是跟随我学习不到半年的时间,再次见面后,简直是蜕变!整个人漂亮了很多,发型精致,着装也有了高级感。一年后,她与一位优秀的男士结婚了,现在生活得也很甜蜜。真心祝福这位学员!

好形象带来满满自信

有一位学员每次在应聘时就感觉紧张、慌乱,因此失去了一个又一个渴望的工作机会。我问她:"你在面试时最大的恐惧是什么?"她说:"我没有自信。"面试时她穿着一件皱巴巴的衬衣和一条打着几个洞的牛仔裤。这身衣服看上去像一个全职的家庭主妇,这样的形象在职场上是很难树立自信的!

后来我为她设计了发型、化了精致的妆容,并挑选了一套蓝色系套装,搭配了一件优质纯棉的白衬衣,整体风格沉稳大方。穿上这套服装后,她整个人都发生了变化,头抬起来了,腰挺起来了,眼睛也亮了,脸上也绽放出了自信的光芒。同时我对她的肢体动作进行了指导,整个人看上去优雅了很多。一个月后,在全市教师招聘中,她脱颖而出,面试获得第一名。

在人生的路上,一个人往往只要抓住一次机会,就能改变人生和命运。

♛ 好形象带来优质人脉

你是什么样的人,就会吸引什么样的人。一个懂形象礼仪的女人,已经成功了一半。当自己变得美好,所有美好的事情也会随之而来,这就是吸引力法则。优秀的人同样欣赏优秀的人,优秀的人也同样吸引优秀的人。你若盛开,蝴蝶自来。

♛ 好形象带来快速成功

我们都知道,成功也喜欢以貌取人,它喜欢那些举止得体、热情友善、真诚自信的人,厌恶那些穿着邋遢、刻薄无礼、虚伪自卑的人。

不要渴望人人都能看到你美丽的内在,现实是:内在的品质、才

能和信念也要通过外在的形象、举止来展示。就在举手投足间，你可能取得了他人的信任，或失去了命运带来的机会。没有一个人愿意让一个不可信的人承担重任，也没有人会喜欢一个形象糟糕的人。

20世纪60年代，约翰·肯尼迪竞选美国总统时，就是通过塑造公众形象而取得成功的。当时，美国举行了历史上首次总统候选人之间的辩论赛，从各方面来看，肯尼迪处于明显的劣势，但当他穿着淡蓝色西装、白色衬衫出现在大众面前时，人们被他健康、充满活力的魅力领袖形象所征服。最终，肯尼迪在总统竞选中大获全胜，这也成了形象礼仪的一个经典案例。

当下因为缺乏对自身形象的打造，导致在塑造第一印象上的"实力"低下，被冷遇、被埋没的例子数不胜数。如今，不管是事业发展，还是家庭生活，我们都应该重视自我形象的打造，这对于日后的生活幸福和人际交往有着相当重要的作用。

一个人的外在形象包括仪容、仪表、仪态，也就是一个人的发型、相貌、穿着打扮、言谈举止。欣赏一个人，始于颜值，忠于人品，陷于才华。很多时候，一个人外在形象的好坏，直接关系到事业或社交活动的成功与失败。

所以，我们要时刻铭记，任何时候都要做最好的自己。当我们拥有了良好的形象，加上内在的优秀，将自己打造成集智慧与美貌于一体的新时代女性，自信而独立，在社会交际中才能游刃有余，抓住更多的机会，收获美满的家庭和事业。

宛遥说礼 小贴士

✓ 良好的外在形象是你最好的代言。

✓ 日常穿衣，要整洁大方，多穿基本款。

✓ 学会化妆，做一个精致的女人。

✓ 头发要梳理整齐，碎发一定要整理干净。

4. 你可以成为女神

同样是美，有人美得高级，有人美得俗气。夸一个人的长相段位最高的赞美词汇是"美得高级"。"好看"形容的是世俗中庸的美，大部分是"美则美矣，毫无灵魂"，没有辨识度。而"高级美"则彰显品位，贵在气质，不光只是好看事物的叠加。"高级美"简单、干净，没有浓艳的妆容、哗众取宠的衣着，是一种淡定从容的知性气质。

在一些大型聚会活动中，人们的目光总会被一两个美丽的焦点锁住，她们未必是最年轻漂亮的，也未必是穿着最华贵的，但她们的魅力却能折服所有人，或许你到现在依然不明白为什么她们可以成为女神，而你却很少有人关注，甚至你还会抱怨自己为何不是天生丽质？于是，你很渴望去掉身上各种各样的瑕疵，让自己也成为有魅力的人。其实这些女人的魅力源于她们得体的举止，有涵养的谈吐，这是一种优雅的表现，而女人的形象和魅力大多数时候是通过社交活动得以体现的。

在社交活动中，你想要彰显良好的形象，就要从多方面来展现自己。

一是发型： 包括发质和造型。经常看到大街上有人穿着还可以，只是头上顶着一堆枯草，其实说的就是发质。经过多次烫染的头发，肯定会受损，建议大家一年烫染不要超过两次。另外要保持头发的清洁，试想满头的头皮屑和头发油油的感觉，那一定是不得体的，即使你穿着再多名牌，也是无用的。还有一点就是选择适合脸形的发型，适合你的才是最美的。

二是容貌： 漂亮是每个女人的追求，大千世界，没有长得一模一样的人，不管你是喜欢素面朝天，还是浓妆艳抹，都要好好保护你的脸，建议大家勤敷面膜，给肌肤补水；学会化淡妆；有积极乐观的心态；经常锻炼身体。

三是身材：保持一个好的身材太重要了！好的身材有的是天生的，有的是后天修炼的。大家有没有觉得一个人看上去为什么会显老？除了皮肤之外，最明显的就是身材，所以从现在起，每天做几个修炼形体的小动作，让自己保持好的身材。

四是生活礼仪：包括拜访客户，中西餐礼仪，沟通礼仪，一个人的仪态、举止等。

五是穿衣搭配：俗话说"人靠衣服马靠鞍"，得体的穿着能让你更有魅力，更容易给对方留下好印象。大家一定要有穿出美的意识，还要行动起来，不要只想不做。都想漂亮，可是我们为漂亮付出了多少呢？要想穿着得体，就要懂得穿衣的智慧。

六是仪态举止：女人一定要注重自己的动作举止，动作不要太猛、太多，不能分腿坐，保持优雅的感觉。

七是个人卫生：建议没有特殊情况，24小时洗一次澡，保持个人卫生，这是最基础的变美条件。

宛遥说礼小贴士

✓ 想成为一个有魅力的女人,一定要做到内外兼修。

✓ 闻香识女人。魅力女人会重视自己身体的味道,注重身体的清洁,包括皮肤、头发、口腔等,平时还要注重身体的健康。

5. 六步法打造气质女人

在从教多年的经历中，我越来越觉得作为一个女人真的非常不容易，很多女人经常被问道：你是如何平衡家庭和事业的关系的？很多男人却很少被问到这样的话题，所以一个女人不仅要持家有道，还要做好自己的事业。而当今很多女人却无法平衡这样的关系，有一些女人变成了"女神经"，而不是"女神"。其实每个人都是独一无二的，都是这个世界的限量版，所以每个人都可以成为女神。

第一：你要爱自己。

每个人都不可能完美无缺，只有从内心接受自己，喜欢自己，坦然地展示真实的自己，才能拥有成功快乐的人生。

幸福是上帝赐予那些心灵自由之人的人生大礼。想要成为幸福的女人，首先要做自己思想行为的主人。在这个世界上你是自己最好的朋友，但你也可以成为自己最大的敌人，女人想生活得幸福，必须懂得秉持自我，按照自我的方式生活。如果你一味地遵循别人的价值观，一味地取悦别人，那么最后你会发现众口难调，每个人的喜好都不一样，失去自我便是你人生痛苦的根源。

你才是你自己的中心，无须刻意追求他人的认可，只要保持自我本色，就没有什么可以压倒你，你可以活得快乐轻松，因为生活中原本就没有什么一成不变的条条框框，只要你去改变，世界就会随着你变。爱自己，就是对自己好，给自己变优秀的机会。

第二：要成为一个女人。

说到这里，有很多女人就会说："老师，我就是一个女人啊。"当然，我知道你是一个女人，我说的女人是具备女人味儿的女人。

要想成为女神，你必须是独立的，经济上不依赖任何人，自己满足自己的需要；精神上也是强大的，有丰富的学识，良好的涵养，不依附任何人，哪怕是你最亲近的人。

要学会温柔，为什么"女强人"这个名词，喊了不到几年就不见了？因为很多女强人都是不幸福的，没有美满的家庭，没有理想的归宿，这就是乾坤颠倒的结果。《周易》告诉我们，男人是乾，女人是坤；男人是阳，女人是阴；男人要阳刚，女人要温柔；男人自强不息，女人厚德载物。只有遵循自然规律，才会圆满幸福。

现在女性创业的时代到了，很多女人都活成了女汉子，说话、做事，比男人还刚硬。当然，女人做事业是有上进心的表现，是个人能力的彰显，是非常好的。但很多女人在事业上雷厉风行，回到家后依然呈现出做事业的状态，把老公当员工一样训斥，并没有学会角色转换，这就会影响家庭幸福了。

女人永远是女人，男人永远是男人，女人要温柔，男人要阳刚。一个男人可以对他的太太很客气，但是绝对不能忍受太太对他有太多的摆布。"你要这样，你要那样"……他干脆就出走了，受这个气干吗。这就是阴阳变化的道理。

女人最能打动男人的是体贴入微、知冷知热、知轻知重，更懂男人心。温柔的女人，会给自己最幸福的生活。那么，如何做才能拥有女人温柔的一面呢？不要吝啬甜言蜜语，与伴侣多沟通；避免低头族，多尊敬、崇拜另一半。女人的青春和美貌可以征服男人一时，女人的温柔却可以征服男人一世。

想过美好的生活，想要老公每天看到你都很欣赏，想成为孩子心目中的榜样，那你应该持续修炼，不断地去展现你温柔的一面。好多女人觉得太难了，其实我认为当你真正热爱生活，对婚姻认可的时候，你就能做到。一个情绪都能失控的人，你怎么能够掌控自己的人生呢？所以，女人一定要温柔。

第三：要有平和的心态

远离嫉妒，学会欣赏。其实说到嫉妒，大多数女人天生是爱嫉妒的，但即使是这样也不要因为嫉妒而无理取闹，要有大格局，因为一个人的格局决定她的未来。

心胸狭窄对身心是有很大影响的，其实很多病都来自我们的心态。

相由心声，大家要很好地去调整自己的心态，不要斤斤计较。不要因为一件小事怀恨在心，不要去嫉妒，不要去攀比，当你用一颗平和的心态去面对这个世界的时候，这个世界就是美好的。

这几年的新冠肺炎疫情也给我们很多人一些感悟：活着就是幸福，其他都是浮云。所以在课堂上，我常常会对学员讲，当我们在5楼的时候，就享受5楼的风光；当我们到10楼的时候，就享受10楼的风景。不同的境遇，有不同的心情，就会有不同的结果。

心想事成，心想美好，就会吸引美好。你身边发生的一切，现在拥有的一切，其实都是自己吸引过来的。心存善良，心向美好。

其实每个人都很美好。所以心态很重要，一定要知道天外有天，人外有人，比你强的人很多，所以这个时候你真的不用去纠结、痛苦，要懂得尊重和欣赏别人，而不是去嫉妒别人。

第四：要多读书，多修炼，提升自己。

"书中有世界"，这句话永远错不了。一个真正的女神，不应该单单只是外表，更是内心的自信大方。多读书向来都不会错，有自己的真本事，比一个花瓶更有用处。一个女人最美的样子是提升自身，一个女人的安全感也是提升自己。当你做到了这些，家庭婚姻都只是生活中的一部分。

一个女人的生活理应丰富多彩，而不是为了家庭事务沉沦。一个在任何时候都不会放弃自己的女人，也永远都是自己内心的女神。当你在日常生活中独立了，有了安全感，爱情对你来说是锦上添花，而不是雪中送炭。

曾经有一位学员，刚来上我的课时，在我面前哭诉，说的都是自己的痛苦，总结下来，全部是家庭的琐事。我告诉她，一是要找一份工作，二是要快速提升自己，好好成长。她后来在生活中听话照做，现在家庭也越来越好了，每天忙得不亦乐乎，气质也好了很多，也不抱怨了，家庭关系现在非常和谐。

有句话叫"腹有诗书气自华"，想成为一个优雅的女人，一个有女人味的女人，内涵非常重要。有内涵，就一定要多读书，多修炼自己。除此之外，很多时候，内在的涵养是可以通过外在展示出来的，举手投足、微笑、表情、眼神都应该是仪态有方的。

今天大家能一起静下心来看这本书，说明都是渴望要遇见更好的自己，才会不断充电、修炼。我也相信积极上进的女人一定会成为女神。

第五：要学会打扮

无论你是家庭主妇还是上班族，都要注意自己的外在形象，你的打扮要符合你的身份，每天花几分钟整理自己的衣服和妆容，化化淡妆，搭配一下服装，穿着既不浮夸也不邋遢，看上去总是整齐干净的时候，我相信很多人会喜欢你。爱美是人的天性，每个人都想把自己美美地展现给他人。当然，美的前提还要和谐，要根据我们的年龄、高矮、职业、所处的场合来恰到好处地装扮自己。

女人要学会用香水，但前提是自己身上是清新的，无异味的。记得前些年有一位女士来找我咨询，想学习礼仪，提升自己。她给我的第一感觉就是身上全是厨房油烟的味道，猛然间降低了高级感。接下来的谈话也令我不舒服。

我们要留意身体的味道，保持个人卫生，这是最基本的，用适合的香水、润体乳等，保持身体的清香。女人在任何时候都要做最好的自己。有时候我们会宅在家里，特别是全职妈妈，每天主要是照顾孩子，觉得没必要去装扮自己，于是每天素面朝天，穿着睡衣去楼下遛弯、去市场买菜……觉得很舒服，很惬意，很放松。但作为精致女人，会在每个时候都让自己魅力四射。

还要把美传承下去，装扮不是为了迎合场合，而是作为女人的一种习惯，就像每天吃饭、睡觉一样。因此，从现在起，我们要爱自己，把自己每天打扮得很漂亮，很有魅力。

经常看到很多母亲带着女儿走进课堂学习，女儿大学毕业了，仍不会打扮自己，仔细看看女儿的母亲，就会恍然大悟，母女的气质是一样的感觉。经常看到很多母亲爱穿休闲服，女儿也是一样的穿衣风格；母亲从来不化妆，女儿也不会打扮自己。父母是孩子的第一任老师，作为女人，我们要成为孩子的榜样。

每个女人都会衰老，岁月可以把我们的容颜带走，但是带不走的是因为岁月而沉淀下来的魅力。所以女人一定要学会跟自己相处，一定要学会生活，更要多尊重自己、多爱自己一些。

第六：要做一个自信的人。

常常看到很多人在讲话时，手会不停地触摸脖子、胳膊等，不停地动。肢体动作也在彰显内心世界，这些动作也在告诉别人你是不自信的、没有底气的。

很多女人总是拿自己的缺点和别人的优点比较，这样就会越来越自卑。其实，每一个女人都是独一无二的，在世界上没有第二个你，我们完全可以活出自己独一无二的人生。当然，自信也来自自身的优秀和强大，内在的底蕴可以通过我们的阅历、我们的人生感悟、我们不断地学习和磨炼而获得。当然外在的形象也特别重要，需要学习美学的知识，拥有属于自己特有的一种味道和气质。

随着时光的流逝，岁月在女人的脸上留下的痕迹也会越来越多，我们的青春和美貌不会永存，但是我们的魅力会因为我们年龄的增长而不断地增值，前提是修炼和培养自身的气质。

每个年龄段的女人都有不同的美。当我们年轻的时候，不管是婀娜多姿的身材，还是满脸的胶原蛋白，都能够让自己更加自信。但是真正有魅力的女人，有女人味的女人，是有故事的女人，她能在经历了很多事情后，还能用一颗平和的心态去看待这个世界，去对待他人、对待自己。

成为有气质的女人才是真正的美，这种美经历风雨的洗礼，像是一坛陈年老酒，越是年份久远，味道越是醇香，这样的女人，美在饱经风霜后，依然能够活得淡定从容，内心充满力量，不卑不亢。人生之路也会因为你由内而外的自信，变得更加顺畅。

宛遥说礼小贴士

✓ 不要吝啬自己的笑容,真诚的笑容会让你产生亲和力,赢得良好的人际关系,让你在很多机会中事半功倍。

✓ 不管你是在办公室还是与闺蜜逛街,时刻要注意自己的走姿,作为女人,切忌外八字、内八字或大步伐,这些细节都会让你的气质大打折扣。

6. 富不等于贵

富有≠高贵，这是两个维度。富是富有，指的是物质层面。而贵，是客观存在的，既包括物质层面，也包括精神层面。时尚女王香奈儿说：贵气的对立面不是贫穷，而是粗俗。

在礼仪教学中，我经常强调培养女性的贵气。在《你的礼仪价值百万》的课堂上，很多学员认为没有优越的出身，没有丰厚的物质基础，便很难与贵气结缘。其实不然，尽管对于衣食无忧、天生富有的人来说，拥有贵气可能会比那些温饱还没有解决的人更为容易，因为他们有很好的修炼条件，包括形象、举止、礼仪方面的提升。但如果一个人物质再富有，没有主动修炼贵气的意识，没有付出努力，也很难拥有贵气。而对于出身普通的人来说，更是需要改变自己，提升自己进而改变命运。

谈起贵气，更多的是精神范畴的修养，当然一定少不了得体的举止、优雅的形象、谦逊的态度、信守诺言、低头做事、挺胸做人的贵气风范。而当下很多人只注重追求物质的富有，而忽略了贵气的修养，因此就出现了很多富有但毫无贵气之人。

对女人来说，我一直倡导要做优雅、贵气的女人。而不是每天穿着名牌、开着豪车就值得标榜和炫耀。高贵的女人并非一定要出身豪门或者本身所处地位如何显赫，而是精神、品格修养的高贵。女人的美貌漂亮一时，高贵芳香一世。出身贫寒的女人，很多也照样能够气质脱俗，而富家女人也不乏鲁莽媚俗。

所有的贵气并非与生俱来，而是通过后天的修炼，是丰富的文化内涵所赋予的，它随着时间的推移而与日俱增。在电影《罗马假日》中，奥黛莉·赫本不仅将公主的高贵、优雅演绎得淋漓尽致，而且即便在真实生活中，她的优雅、美丽和与众不同的气质，也为女性树立了典范。

对于女人来说，真正高贵的定义是拥有一种优雅精致的生活状态，深厚的文化修养和对是非风轻云淡的处事态度。没有谁的"贵气"是天然形成的，它需要靠后天的积累以及沉淀，慢慢凝聚

在自己身上，变成生活的一部分。

那么如何修炼自己，才能成为有贵气的女人呢？给大家分享后文五个步骤，帮助你培养贵气风范。

♛ 外在形象管理

贵气的女人离不开优雅的形象，要成为贵气的女人，首先要从精致做起：从头到脚，都要用心管理自己。比如要有适合、精致的发型。我经常看到很多学员的头发凌乱，扎了马尾的头发，后面总有很多碎发，建议用黑色的卡子全部整理好。还有一些女士总是喜欢染很浅很亮的发色，远处走来，头上像顶着一头枯草，大大地折损了一个人的贵气。作为女人，必须精致，这不仅是尊重自己，也是对别人的尊重。每天出门要化妆，化妆对女人来说，也是一次微整形。另外，穿着搭配一定要讲究，花里胡哨的穿着打扮是与贵气无缘的。简单，往往很高级。我们要从外在形象的每个细节做起，精心管理自己，这不只是一种行为，它也能在心理上影响到自己，你会因为自己的美而更愉悦。

👑 内在修养提升

《简·爱》中有段经典的对白:"你以为我贫穷、相貌平平就没有感情吗?但我们的精神是不相上下的,当你、我穿越过死亡,站在上帝面前时,我们完全是平等的。"

的确,贵气不是富豪们的专利,每个人都可以拥有,要知道,即便穿一身名牌,也不能说明就有贵气,只有内在的修养,才能使人骨子里、血液中散发出贵族的气息。

👑 良好的礼仪修养

只有"人格的贵气之水",才能承载人类"志向的高远之舟"。《三字经》中讲到,"玉不琢,不成器。人不学,不知义"。玉器不打磨雕刻,不会成为精美的器物;而人要是不懂得学习,以自己的知识、技能来实现自己的价值,不懂得礼仪,就不能成才。

一个人通过礼仪修炼后,才会拥有良好的品格、优雅的形象、儒雅的举止、得体的言谈,久而久之,才能散发出让人欣赏的贵气。

♛ 要注重生活细节

很多时候,你在生活中的处事态度和方式,直接体现出自己的修养。例如守时,看似简单的事情,又有多少人能在每次约会或活动中做到呢?

无论是社交、开会、赴约,贵气之人从不会迟到。迟到是不尊重别人的表现,经常迟到的人,很难与贵气结缘。在生活中,你有没有养成说"谢谢"的习惯呢?"谢谢"二字,看似简单,但很多人却说的不多,在日常生活中,要多说"谢谢",成为一个感恩的人,小小的细节慢慢会让你成为一个懂得感恩的人,进而你会吸引更多的好人和好事。

我在课堂上经常分享一句话:一个人做一件事情的态度决定了他做所有事情的态度。从小事做起,从每件事做起、做好、做到极致。

另外,还要学会谦卑,这个世界上越成功的人,也是越谦卑的人,越会赢得更多人的喜欢。当然,生活的细节还包括内心善良、舒服的交谈方式、关心帮助别人、有同情心等。

♛ 一定要多读书

随着年龄的增长女人一定会衰老，虽然我们尽全力保养，但50岁的女人无论怎么保养也不会像18岁的女孩一样，只能说比同龄人要年轻得多。

化妆品、整形手术和时尚装扮确实是增加女人美丽的工具，但并非永恒。女人与生俱来的女性特质和气质会更吸引人，其中包括内在学识的滋养。

腹有诗书气自华，富有学识的女人外表也许不是最美丽的，但她的头脑一定是最具魅力的，我们都知道非常有名的主持人董卿多年一直在保持阅读习惯，出口成章，非常优雅、贵气！

宛遥说礼小贴士

✓ 服饰整洁、得体、大方，色彩搭配合理。

✓ 在正式场合，男士宜穿深色的西装或礼服；女士宜穿套装，忌短、透、露的服装。

✓ 男士穿西装时，衬衫袖子应略长于西装袖子，领带平直，长度在皮带扣上下一厘米处。

7. 你看起来像谁，比你是谁更重要

有句谚语"如果你看上去不成功，你就很难成功。"机会总是偏爱那些看上去像成功者的人，好运也总是留给看上去像成功者的人。

如果你的形象不能立即展示你的美好，你就要在日后花费更多的努力证明你的才干与智慧。在如此高效的社会中，有多少人愿意花费大量的时间去理解他人内心的美好与智慧呢？你的形象就是你的名片，你就是自己最好的代言，比起那张制作精良的名片更能说明你是谁。

有学员曾经问我："宛遥老师，为什么每次谈客户时，我觉得自己很专业了，但客户总是不买单？为什么每次相亲，明明我各方面都很优秀，却经常被拒绝？"在一生中，我们会出席很多场合，比如交友、谈判、宴会、社交等，很多时候相对你苍白无力的语言表达，你的形象、礼仪就是个人修养与魅力的最好说明书了。我们做好自己，一切向内求，一切都会好起来。

经常看到很多人不重视自己的形象，穿着休闲服进入正式的商务场合，穿着睡衣去菜市场买菜，在公众场合大声喧哗，与人交谈时举止不得体……大家可以想象，即使你内在学识非常渊博，也很难抓住好的机会。

如果每个女人都能把自己装扮成一道靓丽的风景线，也会成为生活的宠儿。在职场中，我们发现很多优秀的人才却很难进步，停滞不前，不是他们不够努力、不够优秀，而是他们没有充分展示出可信度，让上级和同事相信他们能够胜任更高的职位。这样的人，往往是因为忽视了外在形象的塑造和礼仪修养的提升。

所谓成功的形象，是展示出一个与更高职位相匹配的形象，一个值得信任、专业、智慧的形象，才会使你有更大的发展空间和晋升机会。

我有一位从事保险行业的学员，她遇见我时，正是事业的低谷期，面临被淘汰的风险。我与她聊了几分钟后，就意识到问题所在了：

首先，形象不专业，一身家庭主妇的装扮，这如何能取得别人的信任？其次，举止不稳重，与我谈话时，她的小动作基本上是不停歇的，抖腿、不停地眨眼睛、手反复地挠脖子。再次，与她的谈话感觉很不舒服，给客户最大的感觉就是急于销售，反而会适得其反。

作为销售，首先是建立信赖感，她是无法让我信任的，如果我是客户，我不会选择向她购买。作为保险公司的一名职员，她的个人形象就代表公司的形象，客户对于保险公司的认可度是通过销售人员来表达和传递的，她的穿着、言行、动作举止、谈话风度、专业程度都在告诉客户："我是谁？我的品牌是否可信？你是否要相信我？我的产品是不是最好的？"

于是，我从形象上对她进行了专业的设计和打造，帮她订制了一套职业套裙，教她学会化淡妆，在形体上也进行了修炼，还有礼仪常识的全面学习。她是一个非常用心的人，学完课程后，听话照

做，学以致用，把所学知识一点点融入生活和工作中。身边的人都觉得她变了，越来越有气质了，越来越美了！半年后，她来向我报喜讯，目前业绩已经比原来翻了三倍，还签了两笔大单。

这就是形象的魅力，想成为一个更成功的人，首先就要看上去像是成功者。你看上去像谁比你是谁更重要，它能够让你感受成功者的自信和风度，被他人信任，容易抓住更多的机会，进而更快速走向成功。

宛遥说礼小贴士

✓ 仪容整洁，男士应勤刮胡须，常剪指甲，女士应保持精致的妆容。

✓ 注意口腔卫生，牙齿清洁，每次进餐完毕，要检查自己的牙齿。

✓ 化妆浓淡适应场合，妆容和服饰搭配和谐，不使用香味过浓的化妆品。

8. 内外兼修才是最高级的美

女人的美在于内外兼修，内在美和外在美缺一不可。很多人会说这是一个看脸的世界，确实当下有很多的女性拼命地追求外在美，往往长得漂亮的女性，会有更好的运气。

诚然，爱美之心，人皆有之。赏心悦目的形象是每个人都喜爱的，一个真正有魅力的女人，一定是内外兼修的。因为你的外在决定了别人是否喜欢和你交往，而你的内在决定了别人和你交往多久。

美，是女人一生的必修课。很多女人在谈恋爱时很注重自己的形象，打扮得很精致。但结婚后却大不一样了，特别是为人母后，就开始放弃自己的形象了，不再化妆，不再装扮自己，很多妈妈会围着三餐转，自己也成了味道"集中营"，摇身一变，成了"变味金刚"。

每个人都喜欢美好的人和事，包括你的先生和孩子。记得有一位教育专家讲过："一个孩子80%的自信，是来自妈妈的形象。"很多学员在向我倾诉家庭的苦衷时，有一部分是因为孩子很自卑，还有一大部分是因为先生出轨，内心充满苦闷……

其实，很多时候，是因为女人忘记了自己，忘记给自己留点时间和精力，所以迷失自己的女人注定会痛苦。每个年龄段的美是不同的，无论什么样的年龄，我们都要让自己的生命绽放，永远不要放弃自己。

很多学员对自己很吝啬，从不舍得给自己投资，包括学习、形象、穿衣等，最后感觉自己越来越没有自信。无论原来的你怎么做，从现在起，要做一个有配得感的女人。

女人除了家庭生活外，更重要的是留点时间给自己，做一个自律的女人，学习护肤、管理好身材、学习穿搭和美学智慧……不断地修炼自己，充实自己，才能拥有真正精致的生活。女人，一定要呈现最高级的美。

外在美很重要，但不仅仅是美在外。仅有外在美，只是皮囊之美。很多人都在追星，特别是影视明星，如果留意你会发现，有很多明星的形象太美了，但人们好像记住的只是那张脸的美，并不是记住了她的作品。

对于明星来讲，作品是实力最好的说明书，作品是要靠过硬的演技来说话的，必须用心体验生活、看书充实自己、多研究剧本的角色，不是只靠脸，相信姣好的容貌确实会带来很多机会，但如果仅仅是因为外表美丽，身处娱乐圈却没有过硬的作品，没有与之相匹配的才华，就是在完全透支自己的年轻和美貌。娱乐圈如此，生活当中亦是如此。

如果一个女人在生活或事业中，只是凭外貌的优势和身上罗列的一堆名牌，我想也是无济于事。真正的品味，不是一味地追求时尚奢华的品牌，而是拥有从骨子里散发出来的高级审美。如果只注重外表，而不是靠自己的能力和本领，没有内涵和修养，只会一时好运，时间长了，不仅容颜不再，还会让人心生乏味。美丽的皮囊一定要靠内涵支撑，才能长久。如果没有内涵只有外表，就只是一副美丽的皮囊，时间长了，会让人乏味，而且随着岁月的流逝终将慢慢逝去。

内在美重要，但也不仅仅是美在内。香奈儿有一句广告语：一味地标榜内在而忽视外在，那也是一种肤浅。看到这句话，深有同感。

北京学员小娜告诉我："从小妈妈教育我，女孩子不要总是把时间放在装扮上，那些打扮得花枝招展的女孩子都是坏学生。学习好了，比什么都好，应该把所有的精力放在学习上。"小娜告诉我，她是个非常听话的孩子，从小只知道埋头苦学，从来没有时间和精力来注重自己的外表，她很用心读书，一路走来都是班级的学霸，一直读到研究生，也终于成为妈妈眼中的骄傲。可是，小娜走向社会后，发现自己并不是命运的宠儿。

记得第一次见到她时，她戴着高度的近视眼镜，皮肤粗糙、毛孔粗大、头发蓬乱又油腻，扎着一个马尾辫，一身校园装扮，整个人看上去确实没有吸引力。应聘总是不顺，一位负责HR的经理告诉她，她糟糕的外在形象与丰富的内在修养不匹配，真不适合。相亲路上也不顺利，其中一位男士直截了当地讲，小娜的外貌不符合他的要求，他宁愿找一个学历比她低、外貌漂亮的女孩子。

于是小娜痛定思痛，才意识到形象和能力一样重要，于是下定决心快速改变自己。她努力学习形象提升、穿衣搭配的技巧和社交礼仪。经过一段时间打造后，当小娜的同学、朋友再见到她时，她化着淡妆、身穿优雅的连衣裙，一位有气质，充满魅力的女士出现在大家视野的时候，每个人都不由自主地被吸引了。工作也从此走上正轨，最近还升职加薪了，也很快就要步入婚姻的殿堂了。

外表形象就是一个人的名片。衣着得体，外表端庄，是对他人的尊重，也更能吸引别人发现你优秀的内在。正如杨澜所说：试问，有谁会有耐心通过你邋遢的外表去发现你优秀的内在呢？在我们生活的世界里，多数人都是视觉动物，外在形象良好的人更容易被别人接纳。

内外兼修的美，才是女人最高级的美。岁月从不败美人。因为真正的美人，腹有诗书，内外兼修，气质优雅。她们有自己的精神世界，哪怕外面兵荒马乱，她们也有自己的定海神针。

我非常敬仰的一位女士——宋美龄，是名副其实的才女，她会说六国语言，精通琴、棋、书、画，还是蒋介石的得力助手。宋美龄的一生成为历史鲜活的一部分。我们不可否认的是，她是一个时代的传奇，拥有着永不过时的高级美。林徽因也是一个很有魅力的传奇女子，她端庄、温婉、美丽、优雅，秀外慧中，被她吸引的人有很多。如果仅凭外貌，她能有这么大的吸引力吗？其实，林徽因不仅拥有优雅的气质、美丽的容貌，而且从小接受了良好的文化修养，是一位有思想、有内涵的女性。代表作品有很多，其中《你是人间四月天》已被大众熟知和传诵。

20岁以前的容貌是父母给的，20岁以后的容貌是自己修炼的。一个女人的美丽不仅仅是外貌带来的，而是用才华与智慧俘获人心。女人需要得体的打扮、知性优雅的谈吐和不俗的气质，同时还要有思想、有格局，由内而外散发出一种摄人心魄的魅力，才会让人喜欢、欣赏并且受到尊重。

"你若盛开，蝴蝶自来"，一个内外兼修的女性，无论在何时何地，都会自带光环。所以，内外兼修是每个想要活出自己的女人一生的必修课，我们需要不断通过自身努力来充实自我、完善自我，最终达到"表里如一"，才会遇到更好的自己。

宛遥说礼小贴士

✓ 发型的选择不能盲目追赶潮流，要考虑自己的年龄、性别、职业、性格、爱好和脸型特点。

✓ 做好头发的日常护理，烫发、染发要把握好分寸，否则会损伤头发，损害自己的形象。

✓ 保持头发的清洁。如果出现头发枯黄、发梢分叉要及时剪掉，保持头发的美观。

第二章
容颜美,好故事的开始

1. 懂一点化妆技巧很重要

面容礼仪是个人礼仪的重要组成部分，很多姐妹虽然在网上看到很多相关的化妆技巧，但还是无从下手。特别是参加亲友聚会或是重要的商务活动时，虽不要求你浓妆艳抹，但最起码要化一个淡妆，修饰一下面容，让自己看上去更精致。假如你蓬头垢面、素面朝天，会不会让对方感觉你一点都不尊重他呢？让对方觉得你不重视此次活动的邀请，很不在意这个场合，那下次你可能就得不到邀请了，这次的商务拜访有可能就因为你的形象而大打折扣。

中国古代哲学家庄子曰："各得其美。"每个人都有不同的审美追求，但无论如何追求美，都要符合大众的审美规范。人际交往中，良好的形象可以提升一个人的自信，对个人在社交、求职、晋升等方面都会起到推波助澜的作用。仪容之美是良好形象的重要组成部分，每个人的仪容都会引起交往对象的特别关注，并将影响到对方对自己的整体感觉和评价，所以我们每个人对自己的面容修饰不容小觑。

作为精致女人，要学会用心。从一个女人的妆容就可以看出她是否是一个雅致的女人。但很多女人觉得化妆很难学会，而且化妆很浪费时间，所以每天素面朝天。拥有恰到好处、精致美丽的妆容似乎成了一个遥不可及的梦。其实只要掌握了方法和技巧，找到精准的定位，你会发现化妆并不难，化妆更重要的是让你体会到精致妆容带给你满满的自信和能量。

一个恰到好处的妆容，会让你更加出色。恰到好处的妆容一定是按照自己的脸型、五官、气质以及适合的场合去装扮的，需要扬长避短，选择适合自己的产品及化妆技巧。

要好好了解你自己。很多女人不了解自己面部的优势在哪里，或者说从来没有对自己的五官做过功课，所以会凭感觉化妆，结果画到最后，自己都觉得吓人。

所以，要学会化妆，首先要了解自己面部的优点有哪里，不要只在意自己的缺点。比如有的学员经常对我说："宛遥老师，我的眼睛太小了，怎么办啊！""我的鼻子太塌了，好丑！"……能看到自己的不足是非常必要的，但我们更要学会用正确的方法去弥补这些不足。

好看的部位不是和别人比，而是和自己面部的其他部位比较，哪个属于最美的。一定要相信，上帝对每个人都是公平的，每个女人都是这个世界的限量版。每个女人都可以把自己打扮得漂亮、有魅力。

一说到美人的标准，我们常常会提到"三庭五眼"，这是五官比例最协调的审美标准了。

生活中常常出现这种情况：有些人的五官分开来看个个很漂亮，但整张脸就是让人感觉别扭。有些人五官平平，但凑到一起就是说不出的协调。化妆最重要的工作之一就是依靠"三庭五眼"的标准对五官的比例进行调整。对着镜子，看一下你的"三庭五眼"，这是人的脸长与脸宽的一般标准比例。

三庭：上庭、中庭和下庭。"三庭"指脸的长度比例，把脸的长度三等分，从前额发际线至眉骨，从眉骨至鼻底，从鼻底至下颌，各占脸长的 1/3。

五眼：指脸的宽度比例，以眼形长度为单位，把脸的宽度五等分，从左侧发际至右侧发际，为五只眼形的宽度。两只眼睛之间有一只眼睛的间距，两眼外侧至侧发际各为一只眼睛的间距，各占比例的 1/5。

一般来说，"三庭五眼"的标准美女，还是极少见的，但并不是说，不具备"三庭五眼"的女人就不美了，其实大部分女人是需要通过化妆来调整五官比例的，使自己看起来更精致漂亮。

生活中的女人没有必要都去整容而变美,其实通过化妆也可以起到很好的效果,堪称女人的"微整形",恰到好处的妆容,可以充分挖掘出你的美。

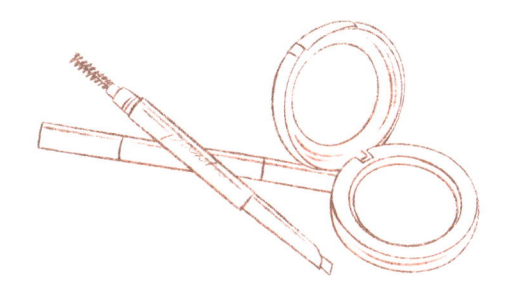

♛ 高级品位妆

很多女人浓妆艳抹,但看起来并不很漂亮。要想在妆容中显示出你的高级品位来,需要良好的化妆技巧和对美的正确认知。化妆一定要精致,最好的妆容是不露痕迹的、淡雅的、细腻的。

♛ 自然和谐妆

化妆需要和肤色、脸形、场合相协调,还要根据"三庭五眼",学会扬长避短。比如生活妆,不要过于隆重,不要过于浓烈。参加时尚派对，可以加入时尚元素，眼影的颜色可以适当明艳，妆容可以夸张一些，可以尝试鹰式的眼线，会让眼部看起来有上抬的效果，再在眼窝处涂上深色眼影，就能形成性感的烟熏妆。参加正式的商务场合，妆容要简单高级，化得过于浓艳，往往会使人觉得过分招摇和粗俗。在职场上，推崇"淡妆上岗"，只强调一个"淡"字，它要求化妆后若有若无，自然而然，好似天生如此。

精致知性妆

要做到妆容精致，除了对面部的每个细节用心修饰外，还有一个很容易被忽略的环节就是定妆和补妆。我们羡慕法国女人天生丽质的好皮肤，她们只要花几分钟的时间轻轻地描眉，或只是涂上艳丽的口红，就能撑起优雅的行头；她们的发型永远都有女人味儿，不管是长发、短发、直发还是烫发，总是充满优雅的味道和迷人的贵气。她们每次出门都会随身带上化妆品，可以随时护肤和补妆，虽不是浓妆艳抹，但却淡妆迷人，精致、干净利落的妆容在每时每刻彰显着女人的自信和优雅。而有些女人从来不化妆，也不会化妆，每天出门素面朝天，优雅精致与自己很难结缘。化妆，不只是为了给别人看，更是一种对生活的追求和对自身的要求。想成为精致的女人，需要做到赏心悦目，通过我们精致的妆容和美好的形象，别人才会更容易记住你，给对方留下更好的印象。

宛遥说礼小贴士

✓ 成为优雅的女人，不是遥不可及，每个人都是这个世界的限量版。

✓ 化妆可以美化视觉感受，不仅让自己漂亮、有自信，也是对别人的一种尊重。

✓ 化妆有一个非常重要的步骤是打好粉底。粉底要选择与自己肤色接近的颜色，脖子也不要忽视。可以选择与面部颜色相同的粉底颜色，面部和颈部就会更好地衔接。在日常生活中，粉底要薄而透。

2. 让你的皮肤更年轻

女人要想拥有水嫩漂亮的皮肤，一定要做好皮肤的护理。美丽的皮肤是女人魅力的通行证，但岁月沧桑，衰老是谁也无法阻挡的现实。当女人的皮肤变得越来越黯淡，肤色发黄，脸上长斑、皱纹增多时，你是否对自己渐失信心呢？你是否愿意接受"黄脸婆"这个称号呢？很多女人会说，女人过了30岁都这样，还是接受现实吧。可是，为什么不将美丽、精致进行到底呢？女人无论在哪个年龄段，都要好好爱自己。

首先要学会好好护理自己的皮肤。一般来讲，皮肤有干性、油性和混合性皮肤三类。了解自己的皮肤，才能选对护肤品。而好多人是不清楚自己皮肤的类型的，这里可以教大家一个最简单的测试皮肤的方法：每天早上起床后用干净的手去摸一下自己的皮肤，如果感觉非常光滑且没有油腻感，是中性皮肤；如果感觉特别油腻，是油性皮肤；如果感觉特别紧绷干燥，是干性皮肤；如果在面部T区

(额、鼻、口、下颌)呈油性,其余部位呈干性,则是混合性皮肤。

清楚自己的皮肤类型后,再选择相应的护肤品。有针对性地去护理肌肤,只有通过护理,让细胞一直正常地运作,才可以延缓衰老。

第一步是洁面。

要选择与皮肤 pH 值相同的弱酸性洁面产品,不但可以保护皮肤,还可以保留皮肤原有的滋润成分,能有效抵御外界的刺激,令肌肤柔润细致,充满弹性。

如果使用的洁面产品不当,洗脸时,面部表皮的水分会流失,洁面后,面部就会有紧绷的感觉。这是由于面部表皮的水分流失,使皮肤变得紧绷干燥。

洗脸时力度要轻柔,毛巾也要选择柔软的,水温要略高于手温,否则会损伤皮肤,促使皮肤松弛和老化。洁面后,皮肤最需要的是补水,这时千万别置之不理。可以用一些爽肤水、面膜等补水的产品,给肌肤补充水分,增强自我调节和抵御外界刺激的能力。

在日常生活中也要注意多补水,皮肤不能只依靠肌肤表面的补水,还要每天喝 8 杯白开水,千万记住,不要等到自己口渴的时候才想到喝水。女人只有做好皮肤的补水工作,才能防止水分的流失,只有滋润的皮肤才能有效抵御细胞的老化。

第二步是做好卸妆。

想让肌肤后续保养的营养被充分吸收,护肤品真正能发挥到最大的功效,做好清洁尤为重要。千万不要只化妆不卸妆,有很多女人晚上休息很晚、很疲惫,就忽视了卸妆这个重要的环节。还有的女人无法做到卸妆彻底,殊不知,化妆品长期存留在面部,就会引起毛孔堵塞、粗大,长期下去会给肌肤造成很严重的负担。

第三步是学会日常自我护肤。

皮肤作为人体最大的器官,经受长年累月的风吹日晒、电子产品的辐射,随着年龄增长,皮肤的细小皱纹日渐加深,色素斑点也不断加重,如果我们不注意细心呵护,或许不到40岁,就会给人留下未老先衰的印象。这里给大家介绍几种简单易行的护肤方法,有助于保持和恢复皮肤活力,让你看上去更年轻。

运动护肤:经常运动,可以促进身体的血液循环、畅通,排出毒素和废物,使皮肤得到净化,起到美容的效果。我们不难发现,经常运动可以加快新陈代谢,促进皮肤排毒,延缓皮肤衰老,让人看上去更年轻、更有活力。因此,要加强身体锻炼,保持皮肤健康。现代很多人每天忙于工作,忽视了身体的锻炼,不仅不利于身体健康，同时也不益于皮肤的保养，打球、游泳、快步走、慢跑、跳舞等都是既省时又方便的运动方法。

饮食护肤：每日适当补充一些维生素 C、维生素 A 和维生素 E，有助于防止暴晒和衰老对皮肤造成的伤害。维生素 A 不足容易导致皮肤粗糙失去润泽，维生素 C 有助于肌肤恢复光泽与弹性，维生素 E 具有高效抗氧化性，可以通过多吃奶制品及禽蛋、水果、蔬菜等来摄取。还有一个小妙招，每天睡觉前用温水洗脸，将一粒维生素 E 和 1 枚硬币大小的凡士林融合均匀搅拌后，涂在脸上按摩几分钟，坚持 1 个月，你会发现皮肤变得滑嫩细腻。

睡眠护肤：要想皮肤好，睡眠必须好。建议尽量在晚上 11 点前上床睡觉；而且夜晚睡眠一定要把灯关掉，因为细胞需要一种叫作褪黑素的东西进行自我修复，而夜间灯光照在视网膜上，会大大减少褪黑素生成，从而影响肌肤的修复。所以，要戒掉开灯睡觉的习惯。

防晒护肤：防晒可以预防肌肤晒伤、晒黑，甚至晒斑。其实最重要的是预防皮肤老化。很多人没有意识到防晒的重要性，在众多伤害皮肤的因素中，让皮肤"老化"的最大敌人是紫外线。紫外线对人的皮肤从来都

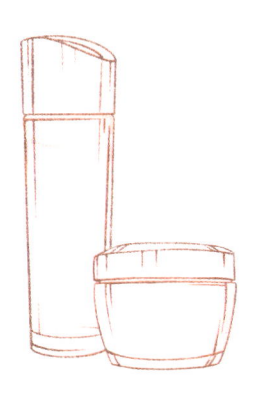

是不友好的，如果长期暴晒，不注意防护，就很容易长干纹、皱纹。因此，防晒护肤尤为重要。建议在日间外出时涂抹防晒指数（SPF）大于 30 的防晒霜，打遮阳伞、戴太阳帽、戴太阳镜，还应注意避免在日照最强烈的时间长期在室外活动，才能很好地达到防晒的目的。

宛遥说礼小贴士

✓ 女人想要皮肤好，一定要有充足的睡眠，成年人必须保证至少 7 个小时的睡眠时间，这样可减缓脸部皮肤松弛的速度，增加皮肤的弹性，减少皱纹，成为名副其实的睡美人。

✓ 做好皮肤保护，出门前一定要擦隔离霜及防晒乳，或常备遮阳伞，阻挡紫外线对皮肤的侵害。

✓ 每晚睡觉前务必彻底清洁皮肤，彻底卸妆，这是美容的根本。晚上少喝水，白天多喝水，多吃水果，睡前敷水面膜，给肌肤充分补水。

3. 从零开始学化淡妆

我经常看到很多女学员，从来不化妆，问到原因时，统一的回答是："老师，我想化妆，就是一点儿都不会啊。"还有，也会看到一些学员对于化妆的概念只限于"打点粉，涂点口红"。其实，"不会化妆"不是最重要的，重要的是不会就要学习。

很多人认为化妆是一件非常繁琐和困难的事情，其实学会了就不难了。试想一下，我们学习开车时，是不是也觉得很难？开着车很紧张，路过人多的街道，紧张得手心直冒汗，可是当你真正实践多了，熟能生巧，自然就不恐惧了，而且会觉得很轻松。

其实化妆也很简单，只要学会了详细的操作步骤，加之每天的练习，你就会发现也是非常简单、有趣的事情。而且，化妆后，看着镜中的自己越来越漂亮，也会越来越自信。

现在我们就从零开始学习化妆，让你更加美丽动人。一般来讲，化妆需遵循以下步骤：洁面→化妆水→乳液（此三步为基础护肤）→粉底→散粉→画眉→眼影→眼线→睫毛膏→腮红→唇妆。

第一步：妆前一定要做好保湿。

水润的皮肤对于上妆是非常重要的，否则就会出现卡粉、浮粉、干燥起皮的现象，是很影响化妆效果的。建议每周至少敷4~5次补水或保湿面膜，做好常态化补水。如果时间允许，可以在化妆前敷一张面膜，对避免卡粉会起到一定效果。

化妆前需要用保湿水或化妆水拍打全脸，多拍打几次，让皮肤充分地吸收水分，然后再用精华和乳液。洁面、爽肤、乳液等一系列基础护理做完后，有了足够的水分，皮肤会变得比较水润一些，在这样的基础上护肤，使用粉底霜，比较容易贴合皮肤，不容易起皮，这样你的底妆就更清透，不易脱妆。

第二步：打好底妆。

底妆是化妆最重要的一步。这一步也是很多女士化妆最容易忽略的，我的很多学员最初都会觉得简单涂抹一下粉底即可，所以化妆效果很差，和平时不化妆的状态区别不大。建议底妆可以用粉底液，直接用手指蘸取少量粉底液，将其分别点在额头、脸颊、鼻梁、下巴等处，然后轻轻推匀，也可以用化妆海绵在皮肤上进行按压涂抹，这样的底妆会显得更轻薄、更均匀。

一定记住是用按压的方式。如果想更好地遮盖皮肤色斑，建议使用粉底膏或遮瑕膏，效果会更好。但一定不要忽视鼻翼两侧，还有嘴角、眼角这些地方，否则就会出现面部妆容不均匀的现象。

第三步：做好定妆。

定妆是使妆容持久、不易泛油光的重要步骤，如果没有定妆，那么你辛苦化的妆很快就会融掉，所以千万不能忘记定妆。

定妆要用到的化妆品是散粉或者粉饼。用散粉自带的粉扑蘸取少量的散粉，从眼睛、鼻子、下巴等容易脱妆的部位开始定妆，轻轻地在脸上按压，直至涂抹均匀即可。之后再用粉刷轻轻扫走脸上多余的粉，然后搓热双手，轻轻捂着脸颊，让手上的温度和湿度使妆容更服帖。

第四步：做好眼妆。

眉毛

要选择与自己眉毛或头发颜色最接近的眉笔色系。

一般来讲，常用的眉笔颜色有咖啡色、棕色或灰色。经常看到学员的眉毛因为用错颜色，出现了不和谐的感觉，如偏黄色的头发，画了黑色的眉毛，就不美观了。

画眉时首先要确定眉头、眉峰及眉尾的位置，修掉多余的眉毛，再沿着眉毛的轮廓进行描画，一定要轻轻地描画，按从内到外的顺序，眉梢部分可以一笔带过。画眉毛颜色要上浅下深，前深后浅，这样会画得更自然。

眼影

首先用浅色的眼影来打底，可以用大号眼影刷，刷在整个上眼皮作为眼部打底，或者用手将眼影直接涂抹在整个眼窝处。然后用深一色的眼影在睫毛根部向上描画，颜色应该由睫毛根部慢慢往上变淡，颜色过渡的时候尽量自然，不要有分界线的痕迹。

眼影最好用同一色系，第一步为浅色，第二步为中色，第三步为深色，每一步眼影面积逐步缩小，由眼睑下方至上方，由深至浅，睫毛根部到眉毛的 1/2 处在选色方面建议选择深一号的眼影，这样可以加重睫毛根部的颜色。

眼线

画眼线是为了美化眼睛，让眼睛更有神采，提升眼妆的精致程度。

内眼线：将头稍稍抬起，手压住眼皮上提，眼睛向下看，描画时也要从外眼角开始向内画出，然后用眼线笔将睫毛缝隙填满，直到涂黑。

外眼线： 轻拉眼皮，对照镜子进行描画，画时要紧贴睫毛根部，由眼尾向内眼角分段描画，然后从眼角描画至眼尾，不要留空隙，要保持眼线纤细，不要太粗，否则就不精致了。

对很多初学者来说，眼线的画法不容易，需要不断练习，才会画得越来越轻松、自然。

睫毛膏

先用睫毛夹把眼睫毛夹弯，再涂睫毛膏。涂睫毛膏时应从睫毛根部向外涂，先涂上面的睫毛，再涂下面的睫毛，待干后再涂第二遍。

涂刷上睫毛时，横向拿睫毛刷，从里向外刷，刷"Z"字形，视线始终保持向下。涂刷下睫毛时，目光平视镜子，脸部皮肤拉紧，由里向外刷，如不小心刷到皮肤上，用棉签及时清理即可。

第五步：上好腮红。

腮红的作用是让你的肤色显得粉嫩，增加面部的红润感，修正脸型，有白里透红的感觉。

用粉刷蘸取少量的腮红粉，在手背上轻轻地抖动一下，这样可以防止涂抹过多的腮红粉后，成了"高原红"，效果适得其反。在刷腮红时，对着镜子微笑，先找出脸颊两高点（笑肌）的最高点位置,这两点间的区块就是腮红的范围,在笑肌部位刷上腮红。

第六步:画好唇妆。

唇妆在妆容中是必不可少的,化唇妆不只是修饰唇色,重要的是可以修饰唇形。

每个人的唇形有所不同,而所谓美唇的标准就是要适合自己的脸型和气质。首先是唇部护理,在画唇妆前的半小时内涂上透明的唇膏,或者敷上唇膜,这样可以防止后期涂抹口红时发干。

画唇妆时,首先用唇线笔,勾勒出轮廓,但要用与口红颜色相近的唇线笔,这样会更协调。然后口红上色,上色要均匀,涂抹后可抿下唇,使色彩更均匀。在这里,要温馨提醒一下,如果上唇偏薄,下唇略厚,画唇妆时注意把上下唇画得协调些;如果是饱满的唇形,唇峰和唇部轮廓就不要太明显。另外,不要忘了补妆哦!

宛遥说礼小贴士

需要准备的化妆品:
- ✓ 底妆:粉底液、粉饼、散粉、腮红、高光、修容粉;

✓ 眉部：修眉刀、眉笔、眉粉；

✓ 眼部：眼影、眼线笔、睫毛夹、睫毛膏；

✓ 唇部：润唇膏、口红或者唇彩；

✓ 卸妆：卸妆油、卸妆乳、眼唇卸妆液；

✓ 隔离霜：隔离霜会起到保护的作用，同时还可以减少化妆品对皮肤的伤害，每天要记得涂抹隔离霜。

4. 你的美丽从"头"开始

经常听大家说,不知道做什么样的发型?也经常看到很多女士把头发染得很黄,远远看上去,就像头上顶着一头枯草似的,瞬间让贵气打折。

一个人的外在形象要呈现高级感,不只是面容,还要重视头发,头发是人的第二张脸。当我们看到一个人时,首先会看到面容和头发。因此无论是男士还是女士,想要保持良好的外在形象,一定要注重自己的头发,一切从头开始。

那么如何打造最美的头发呢?

第一:要有健康的头发

毛发代表了生命,美的第一表现是要有生命力,所以头发的光泽和韧性是最应保证的,如果有一头枯草般的头发,一定是和气质、美丽无缘的。如果没有特殊情况,建议一年烫染次数,不要超过两次,否则会损伤头发。另外,头发发稍如有干枯、分叉现象,要及时修剪，千万不要打着要留长发的名义贪恋那点长度。平时要做好头发的清洗和保养，建议 24 小时洗一次，最多不要超过 48 小时，保持头发的清爽干净和蓬松度，显得健康自信。

在我的线下课程中，很多学员问到关于头发最多的问题是："宛遥老师，我做什么发型最漂亮？"其实，所有漂亮发型的前提就是干净。当头发油腻，有过多的头皮屑，还有异味时，我相信再好的设计师做出的发型，都是不漂亮的。所以，想拥有漂亮的发型，首先要保持头发的干净。

第二：头发的颜色要和谐

很多女人都喜欢去染发，但不清楚染什么颜色最适合？因为不懂专业知识，很多人会听从理发师的建议，结果并不一定是自己喜欢的，或者说不会呈现高级美。因此，染发要了解专业的美学知识，让你事半功倍。

我们首先说一下黑发，黑发的颜色是最深的，时常用乌发、雪肤、红唇来描绘美女，这几者体现出的对比度很强，有很强的明艳感，稳重感。

黄色系头发其实是非常挑人的，尤其是肤色暗黄、不化妆的姑娘染太黄的发色，会让肤色更显瑕疵，黄色系的发色仅适合一些皮肤很白皙的人。

咖色系属于比较百搭的颜色，巧克力色、亚麻色都非常适合。

那如何找出适合自己肤色的发色呢？在这里教你一个小方法：在阳光下，拿出一面小镜子，仔细看一下自己瞳孔的颜色，是黑色，是黄色，还是棕色？确定好瞳孔的色系后，答案就出来了。染与你瞳孔的颜色接近的色系就可以了。比如，你的瞳孔是棕色系的，头发就染棕色或者浅棕色就可以，不要染浅黄色，否则就会让贵气打折。

第三：做好发型。

发型可以起到修饰脸型的效果，如果选择适合的发型，能够让你锦上添花，让我们的颜值变得更高。

选择发型之前，首先要知道自己属于什么样的脸型，因为我们的发型是根据你的脸型来确定的，要学会扬长避短，才能找到适合自己的发型。我们可以先把头发扎起来，要完全能够看到面部，最好平视镜子，按照"三庭五眼"来判断自己的脸型。

或者可以尝试，把所有的头发扎起来，脸部不要有任何的遮挡，平视手机拍一张大头照，然后打印在一张纸上，用铅笔画一下脸的轮廓，看接近于哪种脸型。

鹅蛋脸

椭圆形的鹅蛋脸基本上适合所有的发型。

圆脸

有着圆圆婴儿肥脸型的朋友应该尽量避免选择长度短于下巴的

发型，才不会让脸看起来更圆。同时发型最好留偏分，如果留中分，会显脸部更圆。

心形脸

心形脸，也就是一般常说的V形脸，心形脸的主要特点是额头宽下巴尖，适合心形脸的发型有偏分蓬松卷发，丸子头、齐肩短发等，都能让你在人群中脱颖而出。

菱形脸

菱形脸又叫钻石脸，大致呈现三角形的额头和尖尖的下巴。这种脸型的朋友会给人一种比较孤傲、冷漠的形象，颧骨也比较高，显得整张脸缺少了女性温柔甜美的气质。菱形脸的朋友可以尝试卷发，比如梨花烫是比较适合的，卷曲的刘海和向外翻卷的头发，可以对菱形脸起到很好的修饰作用，遮挡住了尖锐的三角形额头，露出了迷人的下巴，并且转移了他人的注意力，使人把目光集中在双眸上。

国字脸

国字脸有方脸、长方脸、短方脸之分，国字脸的人适合可以稍稍遮盖双颊的发型。比如，多层次的长发、长卷发，或是带有旁分短刘海的发型。国字脸不适合留中分，中分会让国字脸的线条更加的强烈，因此尝试多留偏分，会带来柔美感。

长方形脸

长方形脸的人显得成熟、孤傲，较适合带刘海的发型，将额头遮住使脸形看起来变短、变小，比如，带刘海的长发或中长卷发。最好避免中分的发型，因为中分使脸形显得更加细长。尽可能用稍长刘海遮住额头，在左侧或右侧做出偏分线，斜向梳理，这样可使视线随着发丝的流向移向侧面，长长的脸型就不再显眼了。

第四：头发的长度要适合

下面看一下如何根据我们的脸型来选择适合自己头发的长度，这也是女人很关注的话题。

一是取决于你的职业。如果你是职场女性，在职场中要体现专业与干练的一面，就最好不要留太长的头发，长发更多体现的是女人味，无形中会降低你的专业度和职业感。

二是从美观上考虑。如果单纯从长发还是短发漂亮的角度来看，可以遵循"2.25英寸法则"。这个法则是国外的美发专家提出的，提出了脸型和头发长短的适配比例。2.25英寸转换过来大概是5.715厘米。

你可以拿出一把尺子和一支铅笔，将铅笔水平放在下巴的下方，然后将尺子垂直放在耳垂下面，铅笔和尺子之间形成的一个截面会显示出一个长度，量量你的耳垂到下巴之间的垂直距离。如果小于2.25英寸，适合利落的短发造型；如果大于2.25英寸，还是留长发更漂亮些；如果是接近 2.25 英寸，长短皆可。比如，奥黛丽·赫本每次出现的时候，基本都是将头发高高竖起或是经典的短发，但是你可以对比一下，赫本是长发还是短发更适合她呢？哪个更容易让人记住呢？答案是经典的短发，更衬托了奥黛丽·赫本的优雅。

宛遥说礼小贴士

✓ 优雅的女人一定要干干净净、清清爽爽，无论再忙，也要注意个人卫生。

✓ 头发不够完美，即使妆容再精致、面容再好看，也会大打折扣。油腻杂乱、满是头皮屑的头发极大地降低了女人的精致感，清爽柔顺的头发才会给人如沐春风的感觉。

✓ 在正式场合，女士要避免披头散发，最好盘发或把头发扎起来，这样不仅与场合适宜，也更彰显出女性的干练之美。

第三章
今天，你穿对了吗

1. 每天出门，到底穿什么

很多朋友问我："宛遥老师，每天出门，面对满衣橱的衣服，不知道穿哪件更好？"知名形象设计师黑玛亚曾说过："有一件事比漂亮更重要，那就是得体。"得体的穿着，不仅是对自己的尊重，也是对他人的尊重。因此，穿衣不仅是漂亮，更重要的是得体。

那么如何才能让自己的着装更加得体呢？拥有高级而又得体的穿衣搭配能力，不是一蹴而就的，是用心学习和摸索出来的。在多年教学经验中，我认为穿衣得体大方，不能完全借鉴和效仿，同一件衣服有些人穿上优雅大方，但我们穿上去可能就没有那么美了。人靠衣装马靠鞍，以下小知识可以帮助你着装更得体，轻松呈现优雅气质。我相信如果你能游刃有余地运用这些方法，离穿出优雅和气质也就近在咫尺了。

第一：服装款式要符合自己的年龄定位。

我记得曾经辅导过一位56岁的女学员,她学习之前总是爱穿20岁的人穿的衣服。她经常穿着蓬蓬裙,10多厘米的高跟鞋,头上编着两个小辫子,但脸上的皱纹已经出卖了年龄,这样的装扮实在让人不敢恭维。辅导她时,我交给她最重要的作业是,从现在开始,穿着适合年龄的服装,并为她列举了几款适合的样式。她开始慢慢改变,不到两个月,她告诉我:"老师,现在好多人都夸我变了,说我穿衣越来越有品位了。"

穿衣,一定要考虑年龄。大家可以试想一个场景,20岁的小姑娘可以穿着吊带裙、小短裤,再搭上松高鞋,戴着耳机,一边听歌,一边跳舞,没有什么奇特。但如果还是这个场景,换上一位50多岁的女士,同样的穿着,同样的动作,就会让人觉得难以接受。如果这位50多岁的女士穿一件白色衬衫,搭配一款高腰的不规则的半身裙、鱼尾裙或者优雅的直筒裙,脚踩尖头单鞋,马上就会显得特别高级有气质。

穿衣搭配是有年龄区分的,一些年龄偏大的人如果刻意追求"少女感"的穿搭,就会造成一种稚嫩感,穿出来装嫩又穿搭不得体,显出的不是减龄的美丽,而是装嫩的尴尬。

张爱玲曾说:"女人如花,如花的女人应该保持如花的容颜,如花的才情，如花的品质。因为当岁月流逝，容颜老去，伴随一生的只剩下内在的素养和气质。"随着年龄的增长，岁月带走我们年轻的容颜，但我们依然可以穿出美好的气质。如果你已年过半百，身材挺拔、五官精致、肌肤白皙、细纹也不明显，那么自然可以选择一些靓丽而又个性的穿搭；但如果身材和体型不完美，还是需要找准自己的年龄定位，符合自己的年龄穿搭，更容易呈现出优雅得体的形象。

第二：服装款式要符合场合定位。

场合着装又名 TPO 场合着装，是指依据不同的场合着装规则进行服饰搭配，打造完美形象。TPO 是西方人最早提出的服饰搭配原则，它分别是英文 time(时间)、place(地点)、occasion(场合)或 objective(目的)的首字母缩写，就是告诉人们在着装时要考虑时间、地点、目的这三个要素。

莎士比亚曾说："服饰往往可以表现人格。"我们身边可能有这样的人，不看场合，只要认为是喜欢的服装，都会穿上，行走于各个场合；还有一些人，一件衣服"横扫天下"，一年四季出门基本都穿着同样风格和款式的服装。

有一位学员问我："宛遥老师，为什么每次出门，老公都不愿意我陪他一起出去？"这位学员的老公是一位公司的老总，经常参加很多社交活动，但总是不太乐意带太太出门。我看到这位女士的穿着风格，是偏休闲和运动的风格。我见过她多次，但每次看到，她都是穿同样黑色的运动服，一双黑色的球鞋。后来，我了解到，她一年四季基本上都会穿休闲服，觉得穿休闲服很舒服。我告诉她：永远记住，女人是男人的门面。穿衣也是很重要的，不要一件衣服行走天下了，要学会根据场合穿衣。比如我们去参加社交场合，就要穿着礼服或裙装，打扮时尚、精致；如果参加正式的商务场合，就要穿着套装，彰显我们的专业。而以上的场合，是不可以穿着休闲服的，运动服或休闲服只能在运动场合或带孩子去公园玩，或是散步时穿。

人生如戏，我们在不同的人生阶段，扮演着不同的角色，场合变换，身份改变，着装也要跟着改变。出门前要审视自己的着装，你有没有认真想过：今天，我的穿着能够助力我完成心愿吗？

女人一生要扮演很多个角色，在家里，你是母亲、妻子、儿媳；职场中，你是老板、员工。扮演不同的角色时，服装是你最好的助手，为你的角色润色，闪耀光彩。根据场合一定要穿对衣！场合着装主要分为三大生活场景：商务场合、社交场合及休闲场合。

♛ 商务场合装扮

商务场合中穿职业装是最正式的。你的服装彰显你的专业和别人是否信任你和喜欢你。去参加重要的工作会议、谈判或类似的严肃商务活动不能穿休闲装，只能穿职业装。

商务场合服装多是单色，黑、白、灰在职业装中出现较多，职业装选用的颜色偏冷色系，服装多是直线条图案，职场上需要的就是这种工作状态。女士可多尝试穿套装裙，不仅可以展示女性的优雅，还可以体现干练利落，这也是职场女性最好的工作状态。

当然，除了在职场中，商务宴请时，无须太正式，如果过于专业，就无法达到更好的用餐气氛，当然也不要太随意，可以穿着半职业装。比如，半职场装扮用于商务会晤，少了职场着装的严谨与正式；商务交流吃饭时，无须太正式，用餐是一种享受，和生意伙伴在一起，该有的礼貌要到位，这就是半职场装扮所要展示的。

社交场合装扮

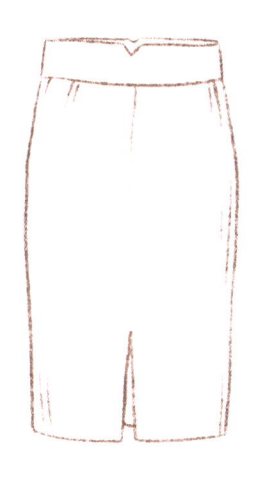

当我们出席晚宴等活动，要注重服装的品质感，要让我们的形象和晚宴的气氛相匹配，让自己能很好地融入这个场合。我们最得体的穿衣风格是优雅，要注重衣服面料质地，要选择精良的面料，如丝、麻、绒等。在选择衣服的款式上，注重基础款的搭配。比如，上衣穿真丝衬衣，下面搭配高腰的铅笔裙或阔腿裤，要穿高跟鞋，整体感觉优雅大气。在饰品上，不要超过3件。如果不知如何搭配手包的颜色，可以采用包包和鞋子的颜色一致或与上、下身服装有一种颜色相呼应即可。

♛ 休闲场合装扮

休闲场合装扮更能体会到放松的感觉。如果没有特别隆重的活动安排,去菜市场买菜、去陪孩子逛公园、散步等,都不要穿着太华丽。休闲场合适合穿着剪裁合体的款式、舒适无华的面料,低跟舒适的鞋子给人潇洒大方、亲切随意的感觉。

宛遥说礼小贴士

传统的白衬衫,穿不好容易显得太刻板老气,可以选择有设计感的白衬衣,比如带有层次感的圆领或是袖子,在细节上体现精致,同时搭配一条有白色元素或基本色的阔腿裤,如绿白相间、黄白相间的阔腿裤,简约又不失温婉。

2. 流行的不一定适合你

生活中有很多女人喜欢追随潮流，掌握了一些时尚资讯，就一味地照搬。如果一直以为今年流行什么服饰，就一定适合自己的穿搭，那实在是需要来提升自己的穿衣美学智慧了。

不要盲目跟风，更不要急于效仿别人看似美好的装扮，找出适合自己的服装才是最美的。一个会打扮自己的人，一定要有清晰的认知，在这个世界上漂亮的服装琳琅满目，但并不都是适合你的。我发现，很多流行的事物也最容易过时，而经典的服饰往往才是永恒的。当我们拥有明智的思维，加上对美的认知，同时也了解自己的体型，学会扬长避短，就能穿出最适合自己的风格，最优雅的高级感。

我经常和学员说，服饰是一种表达真实自我的方式，穿衣打扮一开始只是护体遮羞的事情，后来才演变成一种时尚。通常情况下，我们选择什么样的服装源于我们内心渴望成为什么样的人，或者我们觉得自己应该是什么样子，这就是我们的生活状态以及我们内心变化的表现。

通过诚实地面对自己，了解自己的身材、肤色，去发掘自己的优势并正视自己的不足，依此来打扮自己的人，在当下实在是难能可贵。这样我们才能既不低估自己的外表又不盲目跟风，才能真正做好穿衣打扮这件事情。我们应该学会选择独特性，打造属于自己的风格，它不一定是奇装异服、独一无二的，但一定是注重细节、追求和谐、最适合自己的。流行可以追随，也可以不追随，但不要盲目追随。要诚实地面对自己，从而去打造真我的形象，不要盲目跟风，要认知自己的风格，选择相匹配的衣饰。

在我的课堂上，经常看到一些学员打扮得花里胡哨，能看得出来，这些都是爱追寻美的女士，但无形间却让穿衣的高级感大打折扣。

记得有一位学员，把自己打扮得像一棵圣诞树，当我问她为什么要穿成这样时，她的回答是，今年流行这款。从她的穿搭中，能看得出来衣服和身材、肤色都是不和谐的，而且在衣饰中，有很多复杂的饰品，整个穿衣风格就是失败的，尽管抓住了流行的小尾巴，但却没有让她的美丽淋漓尽致地展现出来。

穿衣要考虑整体的搭配，这件是流行的服饰，那件也是流行的服饰，最后拼到一起，就成了另类的感觉。从颜色上一定要穿出高级感，切忌颜色繁杂。无论流行什么，全身上下色系尽量不要超过3种。往往越是简单的，越是最显高级的。

有的女生穿了一件碎花裙，外面又加了一件花上衣，而且不同的花色，看上去像"花大姐"似的，那种不管三七二十一，胡乱将花朵图案堆砌在一起，加上不够清晰的底色，就会很显俗气了。在穿衣时，一定要注重颜色的搭配，上衣花色，下衣单色；上衣单色，下衣花色；穿衣里面花色，外面单色；外面花色，里面单色。在这里还要强调一点，所选单色最好是花色中的一种颜色，会有呼应感，看上去会更和谐。比如，你穿了一件花色的衬衣，衬衣有红、蓝、黄、黑四种颜色，下身就选衬衣中的一个颜色即可，可选红色、蓝色、黄色、黑色的裤子或裙子。另外，除了色彩，还要全面考虑衣服的款式是否适合身材比例，是否符合场合原则，还要用好流行元素等，穿对了，就美了。

宛遥说礼小贴士

同色系搭配显高级，不妨试试浅柔、低饱和度的浅卡其色的真丝质地上衣，再加一条深卡其色的裤子，系一条黑色的细腰带，穿一双黑色的鞋子，拿一个精致的黑包，这样卡其色的装束就更为高级，同色系搭配会给都市女人带来高级雅致的气质。

3. 穿出你的气质

众所周知，一个人的容貌是会随着年龄的增长，岁月的流逝而消失，但内在气质会伴随你到老。

我们每个人都要注重自身气质的培养，气质来自哪里？一是静，二是动。所谓的静，是表面呈现的外在形象、发型、穿着打扮等；所谓的动，是我们的仪态、举止彰显的气质。因此，一个女人的气质会同一个人的穿搭以及行为举止体现出来。这两者只有完美呈现，才能流露出高贵的气质。而一个人的穿衣打扮是必不可少的，穿衣，就要学会穿出气质来。

经常听人说这样的一句话，一辈子学吃，两辈子学穿，美食无须自己做，但衣服往往必须自己搭。会穿，变得越来越重要了。今天的社会，充满了发展的机遇，一个人能穿出优雅与合宜，往往可以更快速地获得优秀的人脉和资源。

西方谚语这样说：You are the way you look（你穿什么你就是什么）。"看起来像个成功者"才会让你感受到成功者的自信，才会更容易走向成功。因此穿出气质，树立良好的形象就是成功的方法之一。

"女人可以用美丽征服世界。"而所谓的美丽，不只是长得美丽，更是内在与外在的美感，让人觉得你真的很美丽，很有魅力。而外在表现的方式，就是穿好，穿对，穿出气质来。

很多学员经常困惑的一个问题是：女人如何穿出气质来呢？这个问题好像和钱没有太直接的关系，不是说有钱就有气质了，而是要会穿搭，学会着装的基本原则，如此不仅让你更有气质，也会让你更自信。接下来，我们介绍穿出气质的3个技巧。

♛ 外在要整洁

很多人喜欢一件衣服连续穿几天才换下来，其实这点需要调整一下。大家想一下，特别是在夏天，一定要勤换衣服，勤洗澡，保持身体的清洁。如果衣服每天不及时更换，就会有异味，这样的女生如何能穿出气质呢？

清洁，是穿出气质最基本的要点了。一个外在形象整洁的女人，看上去就给人一种优雅和舒适的气息，才能更容易与"气质"结缘。相反，如果穿着邋遢又不注重细节，不能保持外在服饰的整洁，你给别人的印象也会大打折扣，更难穿出气质来，因此在平日的生活或是工作中，一定要保持衣服的整洁。

穿衣要简单

老子曰："夫物芸芸，各复归其根。""根"即"道"，而大道至简至易。在当下快节奏的生活中，要学会简单生活，简单穿衣。在从事形象礼仪教学中，我尝试穿了全球很多大品牌的服饰，用心去感受每件衣服，最终我发现了一个共同的特质：越高级的服装，往往越简单。

要学会断舍离，去掉多余的饰品，不跟随潮流饰物，才能让自己穿衣更舒适、更随心。穿出气质，需要减法，学会删繁就简，才能穿着更有气质、更高级。

相信很多人都会发现，身边有很多女生喜欢追时髦，但往往并没有穿出气质来，当一味追求时髦往往就会导致自己的气质被拉低，而且穿着不和谐，整体搭配很牵强，无法突出整个造型，反而没有穿出美感。

在课程上，我经常给学员分享衣服的整体搭配，我们可以多尝试同色系搭配，来彰显气质和高级感。比如，我们穿一件咖色系的衬衣时，可以选择一条深咖色的裤子或裙子，搭配一双同色系的鞋子，上下呼应，就会保持整体的同色、简洁感觉，让你的穿衣很大气。试想，如果同样咖色的上衣，下衣是其他彩色系，鞋子又是另一种色系，就会觉得太过于花哨，让整体造型找不到重点和主题，再好的衣服面料也很难穿出高级感。

当我们穿衣搭配不同颜色时，全身上下最好不超过3种颜色。穿衣要简单，除了色彩搭配简单外，还包括衣服的款式等，简单就更容易有气质。

♛ 面料要高级

我们总会感觉到一些服装看上去显得格外贵气，看似款式很简约，穿在身上却有一种内敛含蓄的优雅气质，其奥秘就是衣服采用的是精良的高级面料。有很多世界级品牌的服饰，一眼看上去没有独特之处，但仔细一看会发现，面料非常高级，高级的面料有真丝、纯棉、麻、羊毛、羊绒等。因此，我们在穿衣方面很重要的一点就是要注重材质，其实很多平价的单品材质也是很不错的，穿在身上舒适又大方，做工也比较精致讲究，也能够很好地打造出高级感。

职场女性一定要穿西装或套裙，在选择服装时除了要了解是否适合自己的气质和风格外，更要注重套装的面料，这样穿在身上才能更好地打造出高级感，从而给客户或合作伙伴更多的信赖感。当别人对你有信赖感时，很多事就会事半功倍。除职场外，在其他场合，着装也是如此。

很多人会讲：高级面料的服装价格应该不菲，经济条件不允许啊！其实，购买服装也是一种投资，质量好的衣服价格自然会高。就像经常说的，一分价钱一分货。但我们也不是胡乱买衣，而是要有计划、有目的地去选择适合自己的服装，比如，要考虑衣服的穿着频次和场合；要考虑到衣服可以与你衣橱里的多少件衣服搭配；在购买或定制服装时，还要问自己，这件衣服真的有必要吗？它能给我带来什么？全面衡量，在你经济条件允许的范围内，买最有质量的衣服，买不同场合的衣服，买最适合的衣服。很多时候，衣服也是有能量的。

宛遥说礼小贴士

很多人为了穿着亮眼,会选择一些浮夸设计感的服装,却显得俗气。可以选择经典的黑白色,白衬衫+黑裤子或白衬衫+黑裙子,也十分大气典雅。白与黑相结合,层次分明,能完美地塑造出优雅的气质。

4. 选对色彩，穿对衣

在生活中，很多爱美的女性经常努力打扮自己，而且很关注流行，对于当下流行趋势都会及时效仿，可是到头来，却发现还是没有穿出气质来，这也是当下很多人在穿衣方面的困惑。

常言道：佛靠金装，人靠衣装。看来穿什么样的服装直接影响别人对我们的印象。当然，我们也不要为了美，而盲目追随所谓的时尚美。很多时候，当你选择了不适合自己的形象风格、不适合的服装颜色，就会适得其反。

很多学员问我："宛遥老师，每天出门太困惑了，真不知道穿什么好。"这也是很多人经常遇到的尴尬，教大家学会每天"三问"，即每天出门可以问自己三个问题：①今天去哪里、见什么样的人、参加什么样的场合？②我应该穿什么颜色的服装？③搭配什么样的饰品？对这三个问题给出答案，你会更清晰适合自己的服装。

常听朋友说:"你穿这个颜色好衬你啊!显得很有气色。"这说明你的衣服颜色特别适合你的肤色。或者有人说:"穿上这件衣服,看上去脸色很显憔悴啊。"你的衣服颜色让你黯然失色,这说明它不适合你的肤色。所以说,要想穿得好看,一定要先清楚自己适合什么颜色。

色彩给人最直观的感受,想穿出个人魅力,找到适合自己的色彩是日常穿搭最重要的环节。穿对色彩,就会让你看起来皮肤更白皙、更年轻、更时尚、更高级。选对色彩,才能穿对衣。要想穿得好看,首先你得知道自己适合穿什么颜色。

♛ 找到属于你的色彩

根据自己的肤色选择适合的用色:冷、暖、深、浅、艳、浊等。我们先来了解一下冷、暖色。颜色有冷色调和暖色调之分,其实皮肤也有冷、暖色调之分,搞清楚自己适合穿什么颜色的衣服之前,要知道自己是什么色调皮肤。那么如何鉴别你是冷色调皮肤还是暖色调皮肤呢?

血管测试法

阳光下,仔细观察手腕内侧的血管。如果血管偏蓝色和紫色,就属于冷色系。如果血管偏绿色,就属于暖色系。如果两种颜色都有，那么你就是中性肤色，穿冷色和暖色的服装都会很漂亮！

金银测试法

拿出金色和银色的首饰，进行佩戴测试，照镜子看看，是佩戴金饰好看还是银饰好看。如果佩戴金饰看起来更漂亮，那么就是暖色系；如果银饰更适合你，那么就是冷色系。

白衬衣测试法

拿出两件白衬衣进行测试，一件是纯白色，一件是乳白色，分别试穿，看哪件更适合你。如果纯白色衬衣更适合你，那么是冷色系；乳白色更适合，则是暖色系。

从大体上我们区分出冷暖色系后，还可以细分为四季型人，分别是春季型人、夏季型人、秋季型人和冬季型人。

春季型人(暖浅)

春季型人与大自然春天的色彩有着完美和谐的统一感。神情充满朝气,给人以年轻、活泼、鲜嫩的感觉。淡淡的暖色皮肤,比如浅象牙色、暖米色,皮肤细腻,脸上时常泛有红晕。眼珠呈透明的棕色、深棕色。发质柔软,一般呈现柔和的棕黄色和栗色。

春季型的人在穿离脸近的服饰时,特别适合用鲜艳、明亮的颜色,淡淡地带黄红色调的服装就很好,比如亮黄绿色、浅金色、杏色等颜色,会比实际年龄显得年轻。春季型人在选择颜色时,要注意不能太暗、太旧。春季型人不适合黑色,黑色不是安全色。

夏季型人(冷浅)

夏季型人有温婉、柔和、娴静的感觉,自身带有温柔和恬静的气质。肤色呈乳白色,还有呈现蓝调的褐色皮肤、小麦色等,面颊有淡淡的玫瑰红晕。

夏季型人有黑色或深棕色的瞳孔,头发大多是深黑色、深棕色。夏季型人适合以蓝色为底调的柔和淡雅的颜色，这样才能衬托出她们温柔、恬静的个性。夏季型人不适合黑色和藏蓝色，而穿蓝色和蓝灰色非常高雅，适合淡蓝色、浅葡萄紫等柔和且不发黄的颜色，颜色一定要柔和、淡雅。另外，在色彩搭配上，最好避免反差大的色调，适合在同一色相里进行浅深色搭配。

秋季型人（暖深）

秋季型人有沉稳成熟性，低调华丽的韵味。肤色比较深，呈褐色、土褐色、暗驼色。双颊很少有红晕。头发呈褐色、深棕色、巧克力色、发黑的棕色。瞳孔呈深棕色、焦茶色、拥有沉稳的眼神。

秋季型人最适合穿深色和饱和的暖色，服装的基调是暖色系中的沉稳色调，如深棕色、咖啡棕等。浓郁而华丽的颜色可衬托出秋季型人成熟、高贵的气质。选择红色时，一定要选择砖红色和与暗橘红相近的颜色。秋季型人不适合黑色、藏蓝色和纯白色。

冬季型人（冷深）

冬季型人明亮锐利的眼睛给人一种干练的印象，黑发白肤，鲜明的对比给人深刻的印象。肤色是比较浓浓的冷色，偏白、偏青底调、看不到红晕的肤色。发质较硬，头发乌黑发亮，发色呈黑色、黑褐色、深灰色，目光坚定有神，眼睛黑白分明。眼珠为深黑色、焦茶色。

冬季型人着装选择上最适合纯色，深、纯、浓的冷色都是很好的选择。只有冬季型人最适合使用黑、纯白、灰这三种颜色，另外，在选择其他颜色时，一定要注意色彩对比，颜色要鲜明。

皮肤明度选择

对色彩而言，皮肤明度表示色彩的深浅。越接近白色的颜色，明度越高；越接近黑色的颜色，明度越低。那么在选择衣服颜色上，如何与皮肤明度更好地搭配呢？肤色明度决定了整体服装的深浅面积。肤色偏白，最佳整体服装的深浅面积是浅多深少。但并不是说肤色白，就不能穿比较暗的衣服，只是说你穿深色多的服装会比较显年龄，看起来更成熟而已。

配色不宜超过三种

很多人购买的服装单品都很漂亮，质感也好，价格昂贵，但如果搭在一起，会发现色彩显得很乱，品质也降低了很多。这足以说明穿衣搭配要有智慧，才能事半功倍。

教给大家一个简单的色彩搭配技巧——控制面积法。当整体出现多个色彩时，要学会色彩面积比例搭配，这样就会有高级感和层次感。如果穿衣是两种颜色，可采用两色搭配法：主色面积占70%，辅色面积占30%。如果是三色，可选用三色搭配法：主色面积占70%，辅色面积占25%，点缀色面积占5%。

另外，在这里向大家推荐一种显高级的服装色彩搭配方法——同类色系搭配。同类色系搭配法指的是利用同一色系中的颜色进行搭配组合。比如，浅咖色衬衣配深棕色裤子、粉红色上衣配深红色裙子等。虽然都属于同一类颜色，但由于深浅、明暗不同，所以即便全身是同一类颜色也一点都不单调，很有层次感。

宛遥说礼小贴士

在日常穿衣中，可以多选用基础色来搭配衣服。黑色、白色、灰色、蓝色、驼色这五种颜色，是可以和多种色系进行搭配的，所以称之为万能色。比如黑色和白色就是经典的黑白配，黑色和灰色就是相邻色，浅驼色和深驼色就是同色系等，这些基础色无论你如何组合，都很有包容性，都能穿出优雅、高级感。

5. 饰品，戴出美的格调

著名的时尚女王香奈儿曾经说过，饰品不是让女人看上去富有，而是让女人看上去尊贵。什么是配饰？简单来说就是佩戴在人的身上起到美化仪表、装饰效果的物品。所以，人身上除了服装本身之外，其他都可以说是配饰。

从古至今，配饰就一直在历史舞台上精彩纷呈，古人会用虎皮、兽骨、鸟羽来装饰自己，到了公元前一千多年前的古埃及时期，配饰已经发展到了相当精美的程度，当时的服装款式非常简单，所以人们喜欢佩戴各种配饰，尤其是颈饰更能增加服装的魅力，当然饰品还包括发饰、耳饰、手镯、脚环等，种类繁多还相当奢华，很多饰品都是用比较昂贵的材质做成的，比如黄金、玉石、玛瑙、绿松石等。从古装剧中我们可以看到，古代女子穿着华丽雍容的服装，同时也戴着制作精美的饰品，有些配饰只有国王、王后以及贵族们才能享用，这亮丽的一幕使我们不禁感慨，这不仅是对美的追求，同时它还是身份地位的象征。

饰品演变到今天，由简到繁，再由繁到简。但无论如何演变，在重要的场合，配饰还是起着非常关键的作用，可以衬托出仪式感和隆重度，表达个性和强调美化。

一个优雅的女性，除了注重服装的搭配，一定会重视配饰在整体搭配中的作用。配饰就好比画龙点睛之笔，它可以让整个人都灵动起来，从细节处展现女性迷人的魅力。在线下课程中，我发现很多学员注重穿衣，对穿着什么样的服装漂亮之类的话题很感兴趣，但很少有人问佩戴什么饰品会更得体。其实饰品在整体装扮中的作用是不容忽视的。

目前关于饰品搭配方面，存在两个误区：一是没有意识到饰品的价值，很少佩戴饰品；二是了解到饰品的重要性，但不知道如何使用和发挥饰品的效果。掌握一些佩戴饰品的小技巧，会让你成为更美的女人。

配饰有发饰、耳饰、眼镜、项链、戒指、镯子、手环、腰带、鞋子、帽子、挎包、丝巾等，数不胜数，那如此繁多的品种，我们该如何选择呢？其实配饰配好了是艺术，配不好可能是画蛇添足，那么如何更好地使用配饰呢？

我们可以遵循以下六个法则。

♛ 数量法则

戴首饰时，以少为佳。在必要时，可以佩戴一或两件。若有意同时佩戴多种首饰，一般不超过三件，即饰品总量上不超过三种。千万要记住，不是将所有的首饰都戴在身上就好看，配饰过多，反而给人一种凌乱、累赘的感觉。有时候可能只需要一个精美的钻戒，就足以打造出动人的美感，为你的气质提分很多。

♛ 材质法则

配饰的材质很多，面对丰富的材质，要保持材质一致，才会更和谐。比如，你戴着黄金项链，却搭配了一对珍珠耳环，即使都是很昂贵的饰品，但也会觉得很突兀。如果选择黄金项链，可以再选择黄金手环或耳饰，这些都是可以的。

👑 色彩法则

戴首饰时，色彩力求同色，坚持统一法则。如果是金银配饰，也最好保持一致，金色配金色，银色配银色。比如，我之前的一位学生戴着金色项链，耳朵却戴着银色耳环，再加上个性化的橘色大戒指和彩色手镯，色彩斑斓，像一棵"圣诞树"，瞬间与高级美无缘了。另外，除了首饰，全身的饰品也要保持和谐统一，如果戴金色的饰品，全身的配件（包上的装饰品、眼镜框、表链等）也最好选择金色的；如果戴银色的饰品，也尽量选择银色配件。在这里要强调一点，如果你的年龄在50岁以下，没有特殊的要求，不建议戴太多的黄金饰品，可以用彩金代替，这样会更有时尚感。

👑 场合法则

佩戴的首饰一定要根据性别、年龄、职业、场合来定，在商务场合或职场中，首饰一定要简洁大方，不可夸张；高档饰物，尤其是珠宝首饰，多适用于隆重的社交场合，不适合在工作、休闲时佩戴。

👑 扬长法则

对于每天佩戴饰品的人，一定要学会扬长避短。除了考虑以上的饰品搭配法则外，还要尽量戴在自己身体最美的部分。手很漂亮，就多戴戒指；脸形美好，就多戴耳饰；拥有天鹅美颈，就多戴项链等。切忌用首饰突出自己身体中不太漂亮的部位，如脖颈上有赘肉和褶皱的女士，就不适合戴太有个性色彩的颈链，以免引起别人过多的关注；手指欠修长丰润的，不要戴镶有大宝石或珍珠的戒指。多展示身体的优势部位，突出强项，展示美好。应充分正视自己的形体特点，使首饰的佩戴为自己扬长避短。

👑 脸形法则

一定要根据脸形来选择饰品，如果你选择了不合适的首饰戴在身上，就会让你的缺点暴露无遗，你还可能全然不知。

每个人的脸形不同，就应佩戴不同的首饰，才能真正扮靓自己。圆形脸，棱角不够分明，就要尽量避免圆形的耳饰，比如大圆耳环，戴上去只会显得脸形更圆，而选择长条形的耳饰，可以缩小两颊的视觉。长脸的美女们本身脸形就自带纵向拉伸的效果,要避免佩戴长条形的耳饰,可以选择圆形、三角形的耳饰,以横向弥补纵向窄的问题,让整个脸形更加完美。方形脸的特点是下颚与下巴的宽度大致相同,方形脸要避免同样棱角分明的几何耳环,不宜佩戴过宽的耳坠,尤其忌讳方形耳饰、可以多尝试圆形、椭圆形以及吊坠形的耳饰,都可以帮助减少"方方"的感觉。佩戴饰品一定要根据理论多实践,多感受,饰品一定要画龙点睛,关键是烘托出你的美。

宛遥说礼小贴士

佩戴耳环不要只选择昂贵的或个人喜欢的,耳饰要与脸形相适应。脸盘比较大或圆脸形的人适宜选用链式耳环,可以选用三角形、水滴形等,不要戴又大又圆的耳环;方脸形的人不要戴过于宽的耳环,适宜选用花形、椭圆形的耳饰;长脸形的人适宜选用宽宽大大的耳环或紧贴耳朵的圆形耳饰、耳钉等,不要戴过长且下垂的耳饰。

6. 根据身材穿对衣

很多人并不了解自己的身材，所以总穿不出高级感。要穿出高级感，首先要选择适合自己的服装。而有些人总是不知如何去搭配衣服，经常会发现穿在别人身上的衣服很漂亮，穿在自己身上却毫无气质。其实，一件衣服不会适合所有的人，每个人的身材比例不同，所以穿衣的感觉也是不一样的，所以我们一定要了解自己的身材，学会扬长避短。

通常我们把身材分为苹果形、梨形、沙漏形、香蕉形、草莓形等，想穿出气质，根据身材穿对衣，对号入座，才能穿出漂亮和魅力。

♛ 苹果形（O形）身材

苹果形身材的最大特点是整体上看起来比较丰满，像字母

"O"，O形身材的人较容易堆积脂肪，大量脂肪堆积在腹部和腰部，腰部、肚子有些圆滚滚的，四肢较细，上半身比较丰满，常常给人一种虎背熊腰的感觉，看起来特别壮实，大部分会缺少女性的柔美感。

穿衣方面建议要简单大方，特别是上半身要穿着简单的服饰，千万不要穿很复杂的设计，比如蕾丝贴身、荷叶边等衣服，以及胸前有过多的装饰等，都不适合"O"形身材。

穿衣小贴士

可以适当地上松下紧。例如，上身穿相对宽松的大V领、大U领T恤等，切忌不要太宽松，只遮住肚子的肉就可以了；可以将关注点放在腿部，下身穿裙子或短裤露出纤细的大腿，这样就做到了扬长避短。另外，可以适当地采用腰线来修饰身材的缺陷，腰线会让身材看起来具有S形身材的特征，并可以遮挡住腹部以及臀部的肉。

梨形（A形）身材

梨形身材最大的特点是上窄下宽，上半身瘦，丰满的部位在下身，从腰部开始发福，脂肪容易集中在臀部和腿部的位置，肩部、胸部和手臂并不胖，臀部和大腿往往比较粗。搭配原则：凸显上半身，弱化下半身。

穿衣小贴士

梨形身材在穿衣搭配时，颜色选择上明下暗或上浅下深，建议多尝试宽松的阔腿裤或 A 字裙，起到修饰效果。特别是阔腿裤，身材不是特别高挑的女孩子，可以穿高跟鞋，这样让你看起来身材更挺拔和高挑，更凸显气质。

不要穿紧身裤，经常看到很多人爱穿紧身的黑色裤子，本以为黑色会显瘦，但对 A 形身材的人来讲，紧身裤反而增加横向视觉效果，将臀部和腿部的缺点暴露无遗。

♛ 沙漏形（X形）身材

沙漏形身材也称 X 形身材，是大部分女性向往的身材，这样的身材会很性感，堪称是"完美身材"。最大的特点是胸部丰满，腰瘦，丰臀肥乳，肩部和胯部的宽度一样或者上身和臀部宽度差不多，腰部很纤细像沙漏一样，四肢匀称。很多人想展现自己的完美身材，但是如果在穿衣方面过于暴露，也往往会适得其反，无法穿出高级感。

穿衣小贴士

收腰的连衣裙可以展示性感曲线，将身材很完美地勾勒出来。

如果衣服没有腰线，过于宽松，反而无法展现 X 形身材的优势。另外，在凸显性感方面，不要过度用力，比如低胸和包臀，这样的穿搭会凸显出浓厚的风尘味，无法穿出气质和高级美。

其实还有很多方法可以凸显身材的优势和性感的魅力，比如可以尝试选择露肩的裙子或上衣，露出迷人的锁骨，或是露背装展现具有杀伤力的蝴蝶背，一样可以彰显身材的优势和高级美。在日常穿搭中，还可以采用露出脖颈的上衣款式，下身可以穿包裙或紧身的小脚裤都可以突出身材的曲线，但不适合穿过于宽松的裤子。

香蕉形（H形）身材

香蕉形身材的特点是身材扁平，胸部平坦，没有明显的腰线和胸线。胸部、腰部、臀部上下一样宽，而且全身都很瘦，所以看起来有些干扁。

穿衣小贴士

香蕉形身材在穿衣服时，可以重点打造上半身，增加上半身的体积感，同时凸显下半身的纤细修长，让整体线条比例看起来更协调。或者可以进行叠穿，给上半身增添量感，弥补香蕉形身材的干瘪，增加整体造型的层次感，让自己不会显得过于单薄，紧身衣、裹胸装是不适合的。打造腰线，选 X 形连衣裙是最合适的，连衣裙的图案一定要简约，特别是在腰线处，图案不要复杂华丽。

👑 草莓形（Y形）身材

草莓形身材，又称倒三角形身材。上下半身相比，上半身偏胖，属于上面宽，下面窄，也就是肩宽、臀窄。如果穿着不当，很容易给人头重脚轻的感觉。

穿衣小贴士

草莓形身材的人在穿搭配色上，可采用"上深下浅"的配色技巧，上衣尽量选择深色、黑色等有收拢感的颜色，而下装则可以选择亮色、白色等，也可以穿阔腿裤、带花色大图案的裤子，这可以帮助草莓形身材增加下半身的宽度，从而平衡整体体形。上衣选择V领或U领的领型，上衣一定要简单，不要带过多的饰品或复杂的图案等。

总之，没有十全十美的身材，每个人只有了解自己的身材特征，了解身材的优点在哪个部位，就多展示那个部位。比如上身胖，就不要穿着花里胡哨的上衣，要选择简单而且深色的配色；如果腿部修长纤细，就可以穿露腿的裙子或铅笔裤。无论你是什么样的身材，根据身材的优势和劣势来穿搭衣服，就可以穿出独特的气质美。

宛遥说礼小贴士

✓ 如果你是上半身瘦，下半身胖的梨形身材，一定要有几条属于你的阔腿裤，穿上去不仅避短，还很有气场。

✓ 对于上半身胖，下半身瘦的苹果形身材的女生，可以尝试上身着宽松的服装，比如宽松的T恤，下身可以穿铅笔裤或尽可能露出美腿。

7. 职场魅力穿衣秘籍

莎士比亚说过：一个人的穿着打扮，就是他的教养、品位、地位的最真实写照。前面我们讲了很多关于穿着的技巧，接下来我们讲一下如何在职场中穿出魅力。

很多人认为在职场中很难穿出品位和魅力，其实职场中一样可以穿出品位。着装对女性来讲，不只是包装，更多时候可以提升自信，给自己带来机会。穿衣并不是一件衣服走天下，而是要根据场合来穿衣。作为一名职场人士，良好的穿衣品位会让你事半功倍。

♛ 着装"TPO"原则

着装的一个重要原则是"TPO"原则。即每天的服装一定要与具体的时间、地点和场合相符合，要与不同的时间、不同的地点、不同的场合相结合，才会得体。比如，职场中穿着正装很得体，如果在压马路时穿正装就不得体了；在社交场合中穿着旗袍很优雅贵气，如果在休闲场合就不适合了。

♛ 穿搭庄重大方

职场中的形象就是你事业最好的代言，需要传递一份专业和信任，良好的形象会让你在职场中游刃有余。

我辅导过很多面试的学员，很多人并不清楚要穿什么，只清楚要穿和平时不一样的衣服，要好一些。什么是好呢？就是根据面试的行业，来选择精致的套装，来提升你的形象和气场，提升你的可信度和别人对你的好感。过于休闲和过于暴露的服装，是毁掉你良好形象的第一杀手。我经常看到职场中有人穿露脐装和过于性感的服装，不但让自己得不到尊重，同时也很难把握住职场中美好的机会，进而影响到事业和人际关系。

在职场中要根据职位、环境和接触的人群来选择相匹配的着装。比如，面试的大学生没有太多的工作经验，想体现更多的职业感，可以尝试选择精致的正式套装，会更安全和得体。当然除了重视着装外，也不要忽视你的发型。在电影《穿普拉达的女王》中，安妮·海瑟薇饰演的实习生从开始乱糟糟的头发，肥大松垮的毛衣，蜕变成时尚简洁的职场造型，仔细观察，会发现她的形象主要是从发型和服装上进行了提升，从而快速提升了个人魅力。

因此，你在职场中的形象直接在向别人说明，你是谁，你有什么样的职位和经济状况。在电视剧《我的前半生》《欢乐颂》《都挺好》中，大家会感受到职场女性的干练和魅力，特别是唐晶、安迪、苏明玉三位高级金领的穿搭，简单大方，得体精干，还会有一些饰品的融入，丝巾、精美的项链、小小的胸针，都让我们感受到了无穷的魅力和气场。特别是在电视剧《欢乐颂》中，樊胜美、关关的长相与安迪相比，并不逊色，但不同的穿搭风格却呈现出了不同的职场角色和经济状况。因此，在现实生活中，每位职业女性都要重视自己的装扮，也要在服装穿搭上展示好自己的角色。

颜色要选对

衣服是一种包装和表达自己的方法，除了衣着的风格和搭配可以给人留下印象外，衣着的颜色也是最简单直接的表现方法。说起职业装，大家就会想到黑白灰三色，虽然职场以得体、大方、知性、干练为主，但也不单单拘泥于黑、白、灰三色，否则就相当地拘束和寡淡无味了。

很多色彩都可以尝试，比如，蓝色给人安全、宁静、平和的感觉，令人感受到高效、严谨、理性，会带来更多的知性美。红色给人以热情、有朝气的感觉；红色也是最引人注目的颜色，据科学研究证实，身着红色衣服的人，会更多地引起别人的关注，从而更容易快速提升个人魅力。你若想在职场中除呈现干练的气质外，还想增加一丝女人味的话，红色就是不错的选择。

佩饰要做到画龙点睛

职场中除了穿对衣服外，还要重视佩饰的搭配。女性的佩饰有丝巾、胸针、手包、戒指、项链、手表等。在职场中佩戴首饰，建议同时最多不超过三件，特别是在庄重的场合，一定不要有过多华丽的首饰。职场中的首饰以白色系为佳，比如，珍珠、白金、钻石等，这些材质可以充分体现女性的高贵与精致。在佩戴时，最好选择同质、同色的材质，以少为精，不要佩戴过于夸张的首饰。

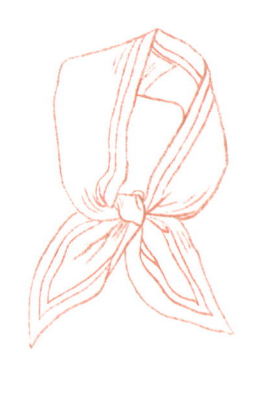

另外，在职场着装选择上，不要忽视公司的企业文化，如果公司氛围严肃正式，就不要穿着颜色、款式过于时尚的服装和饰

品，否则会格格不入；如果公司气氛活跃，着装可以适度地彰显一下个性，选择一些相对鲜亮色彩的服装，款式可以相对新潮一些，与所在公司相融合，以彰显品位和企业形象。

宛遥说礼小贴士

✓ 职业装衬衫的颜色以纯色为主，不宜过于艳丽。

✓ 衬衫的下摆一定要塞进裙子腰部，而不要挂出来，更不要在腰部打结。

✓ 职场女性的衬衣不能过宽或过窄，合适很重要。

✓ 选择衬衣的材质是重中之重，如棉麻、桑蚕丝等，这些面料透气性强，穿着舒适，同时也能体现高级感。

8. 学会为衣橱断舍离

有位学员给我打电话说:宛遥老师,我现在特别困惑一个问题,每到换季时就感觉没有衣服穿,每天早上也不知道穿什么衣服出门,衣橱里已经有很多衣服,却总是感觉没有衣服穿。大家是不是也有这样的感受?

我们会发现不是没有衣服,而是不知道穿什么。

我曾经有个学员,给我讲过她穿衣的尴尬经历,她每天穿的衣服就像是从衣橱里"刨"出来的,然后再把自己塞进去,如此又怎能穿出气质来?

尝试为衣橱断舍离

为了我们可以更高效地解决"每天穿什么"的问题,不如尝试一次断舍离,打造一个高效、简洁的衣橱。

第一：将衣橱清空。

在条件允许的情况下，在床上或者是卧室的地板上铺白色或浅色的床单，然后取出衣橱里所有的衣服，这样就可以清晰地看到这个衣橱的空间。将衣服分批清出后，对每一件衣服按下面的问题进行评估。

问题一：这件衣服我多久没有穿过了？

问题二：这件衣服适合什么场合？

问题三：它还能给我带来美丽和自信吗？

问题四：它的品质依旧很好吗？

第二：将衣服进行分类整理。

将衣服分类整理，看看衣服是需要扔掉还是捐赠，是储藏还是留下。需要捐赠出去的衣服立即打包捐出去，决定丢掉的衣服立即

处理掉，千万不要再放回衣橱。在对衣服整理分类时，可以选择帆布类收纳箱，这类收纳箱容易折叠，而且不占用空间，可以最大容量收纳衣服。

第三：将衣服分类摆放。

在摆放之前建议彻底擦拭衣橱，给衣橱一个新的、整洁的环境，看起来干净舒服。接下来开始摆放衣服，让它更适合自己的生活，一眼就能看到衣柜里所有的衣服。

首先，先按款式分类摆放，无论是春夏还是秋冬的衣橱都先以款式做分类，比如，裤装类、裙装类、衬衫类、休闲服装类等，将同一类型的衣服悬挂在一起，常用的服装放在最容易看得见的地方，方便日常的搭配。

其次，按照颜色进行分类，比如可将所有的白衬衫挂在一起，浅颜色的挂在一起，鲜艳的挂在一起，条纹或带图案类的挂在一起。将衣服摆放整齐后，会提升你的穿衣效率。每天打开衣橱，很容易看到想要穿的衣服，比如，一件白衬衣可以与三件甚至更多的衣服进行搭配，实现它的价值最大化，而且方便快捷。将每件衣服放在正确的位置，以便在需要衣物时方便取用和归还。

俗话说，"授之以鱼不如授之以渔"。当你明白为什么需要整理衣橱时，你也应该明白如何每天保持你的衣橱。该收拾的收拾，该调整的调整，久而久之便会养成一个好习惯。

第四：要配备衣橱饰品。

经常听到很多人讲："为什么同样的基础款服装，我穿起来就没什么感觉，但别人穿上就那么好看呢？"很多时候，10% 配饰的用法，就能形成 90% 的区别，是否会巧妙用饰品，决定衣服穿着的品质。比如，同样的一个人穿着黑色大衣，因为有无配饰的加持，气质是不同的。一点点配饰可以在我们身上散发大大的能量，我曾经问过身边一些精致的女孩，出门最后一步，一般做什么？有一个印象深刻的回答是：在戴上配饰的那一刻，才会觉得自己完成了装扮。

穿衣，一定要养成搭配饰品的习惯，只穿不戴，很难有派。饰品可存放在大小合适的储物盒中，每种类型可存放在一个或两个储物盒中。

衣橱必备经典基本款

迷你衣橱单品清单：

白衬衣

针织开衫

套装

纯色连衣裙

半裙

阔腿裤

接下来我将一一解析以上基本款的搭配方法，每个女人都应该拥有至少一件白衬衣。一提到白衬衣，很多人第一想到的应该是酒店大堂经理、银行工作人员、保险业务人员所穿的工装，如果你心目中的白衬衣是这样的，那说明你还没有熟悉白衬衣的穿着效果。

白衬衣之所以经典，就是因为它几乎可以搭配世界上一切衣服，比如，当你打开衣柜的时候，随手翻出的长裙、西装、西裤、半裙、风衣、毛衣、开衫、马甲等，甚至和你许久未用的丝巾、胸针、项链都可以进行搭配，只要选对白衬衣的款式，你也可以美得像《罗马假日》里的赫本一样高级。你衣橱里面的任何一条裤子或者是一条裙子都可以完美地搭配白衬衣，只是需要考虑一下，今天你要穿这件白衬衣去上班、还是去和闺蜜逛街？如果是上班，可以用白衬衣搭配阔腿裤、一步裙、烟管裤，既干练又帅气；如果是和闺蜜去逛街，白衬衣可以搭配牛仔裤、牛仔裙，会显得更加轻松惬意。

针织开衫，堪称包容性极强的单品了，非常适合早晚有温差的秋季，好穿搭又舒适！它总能在不经意间，带来一丝丝的优雅与温柔。当你出门乘坐飞机时，针织衫几乎少不了，在乘坐飞机的2~3个小时里，让自己的身体放松下来很重要，所以穿脱方便、版型宽松的针织开衫是首选。

套装，在大家的印象中，穿上它要么像大堂经理，要么就像是服务行业的，感觉不高级，穿不出时尚感。其实套装的范围是很广的，有长西装、无领西装等，西装还可以搭配连衣裙、半身裙或是套裙，都是可以彰显品质感的。当然，还有一点非常重要的是，西装的款式、面料也有很多，有真丝、棉质、羊毛等，再加上衬衣、饰品的画龙点睛，穿上就会既优雅又时尚大气。

纯色连衣裙，经典的原因是因为它能够展现女人所有的特质，无论是春夏秋冬，即使用最简单的设计，也能最大程度彰显女性温婉的气质。是温柔、帅气，还是优雅、端庄，只要你能形容的气质，总有一款连衣裙可以诠释出来。当然还有一个很重要的原因就是搭配很方便，因为你只需要搭配一双鞋就可以出门了。无论是带有图案还是纯色系，无论是衬衫领还是圆领，简约的连衣裙总是让人百看不厌，让你完全不用费心就可以打造时髦气质，这些经典的连衣裙你值得拥有。

我们每一季都要对衣橱进行重新整理，随着季节变化更替衣物。打造高效衣橱，就从现在开始吧。

宛遥说礼小贴士

衣服不在于多而在于精，衣橱整理很关键。要时常整理你的衣橱，学会断舍离，淘汰那些两年都没有穿过的衣物，为衣橱增加空间。一个整洁的、井井有条的衣橱不仅会为你带来好心情，还会让你搭配衣服时得心应手。

第四章
仪态,永不过时的衣服

1. 美在形体,雅在仪态

很多女人结婚之后,拥有了妻子、母亲、女儿、儿媳的角色,每天尽心尽力,却忘记自己还是一个女人:站没站相,坐没坐相。穿着睡衣去送孩子、去菜市场买菜,身材开始发福,含胸驼背,走路拖拉,没精气神,眼睛里充满着无数的不自信……即便一个人有天仙之美,只要弯腰驼背,脖子前倾,魅力也会大打折扣。

相比外在的相貌和穿搭,优雅挺拔的身姿和举止才更有魅力。所以,对女人来说,最重要的不是容貌,而是气质。随着年龄的增长,每个女人都会衰老,当我们 60 岁时,即便保养再好,也不可能像 18 岁一样。但有一种魅力会随着年龄的增长与日俱增,那就是气质!当然前提是,女人要注重自己,不断地修炼提升自己的气质。

很多人都希望自己成为有气质的人,但我们发现气质并不等于漂亮,长得漂亮的人并一定有气质。气质包括两方面:一是形象美,即容貌、身材、穿搭等外在形象呈现的美;二是仪态美,即人或静或动时,呈现出来的感觉,即表情、体态、姿势和肢体动作呈现的美。

美不只在于外貌,更在于仪态。大家试想一下,如果一个人举止不雅,就与气质无缘了。很多学员经常跟我说:"宛遥老师,我身材很好啊,我也买了很多漂亮的衣服,可还是穿不出感觉来,这是什么原因呢?"穿不出感觉,相信是很多人困惑的原因。很多时候,这和你的仪态有密切的关系。

我们都知道旗袍是气质的象征,凸显女人的韵味,但经常看到很多女人穿着旗袍,却两腿分开站在那里,坐下来的时候还不停地抖腿。这些举止如何给人带来美的感觉呢?当我们穿着得体,坐有坐相,站有站相的时候,会不会更有气质?答案是肯定的。

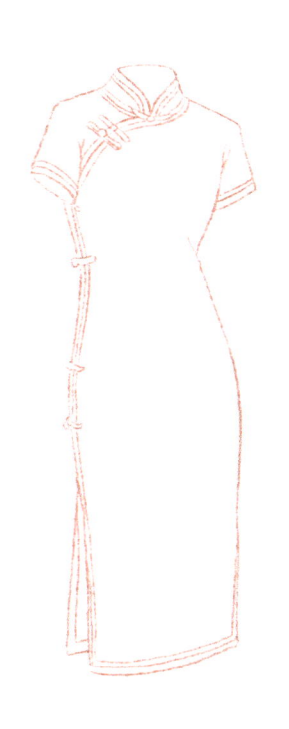

一个人的仪态举止决定了她的气质。女人要想使自己看起来富有魅力，除了要注重自身的外在形象外，还要保持优雅的仪态。哈佛大学前任校长伊力特曾说："在人的修养中，有一种训练必不可少，那就是优美、高雅的仪态。"良好的仪态是一种深层次的美。它不仅体现女人的修养，还是女人魅力的最大源泉，是能让你越老越美的"神丹妙药"。

女人之美，下美在貌，上美在态。即便两位长得很像的人在一起，如果她们的仪态不同，给人呈现的气质就是不同的。特别是与人初次见面时，人们无法快速体会到你是否"腹有诗书气自华"，但你的气质会通过行为举止展现出来。

在公众场合经常会看到这样的场景，两个女孩都在低头看手机，一个女孩两膝分开，双脚张开，大大咧咧地坐着，含胸驼背；另一个女孩坐得端庄，腰背挺直，双膝并拢。虽看不清两位女孩的容貌，但给我的感觉就是，背部挺直的女孩更有气质，同时我会觉得她的家教和修养更好。

线下课程中会有现场指导学员的环节，我发现那些穿着得体的女孩中，有很多没有气质的，仔细观察会发现大家的问题在于体态不美，有一部分人伴随着生活中的不良习惯，比如，经常伏案书写、低头看手机等，就会出现含胸驼背，身姿不挺拔，而且没有通过仪态的修炼，没有良好的举止，给人的感觉就是没有气质。

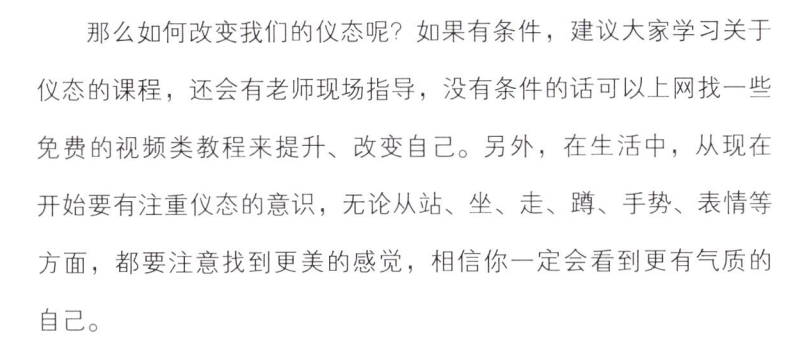

那么如何改变我们的仪态呢？如果有条件，建议大家学习关于仪态的课程，还会有老师现场指导，没有条件的话可以上网找一些免费的视频类教程来提升、改变自己。另外，在生活中，从现在开始要有注重仪态的意识，无论从站、坐、走、蹲、手势、表情等方面，都要注意找到更美的感觉，相信你一定会看到更有气质的自己。

宛遥说礼小贴士

✓ 女人一定要注重自己的仪态，保持好的身材，不要随着年龄的增长，让身材无休止地"扩张"。

✓ 在日常生活中，要养成昂首挺胸，肩部打开的习惯，要经常提醒自己。

✓ 仪态直接体现气质，不要小看生活中常用的举止，如行走、坐立、手势、表情等。

✓ 改掉抖腿和跷二郎腿的习惯，会让你更有优雅大气之感。

✓ 再昂贵的服饰，也要以良好的仪态为基础。只有具备良好的仪态和气质，才能穿出魅力和气质。

2. 坐姿学问多

在社交场合中，坐姿是最常展现在别人面前的姿态。正确、良好的姿势不仅为健康加分，还给人留下好的印象。要成为优雅的女人，就必须掌握坐姿礼仪。但是很多人在生活中都喜欢采用自己感觉舒服的姿势，这些看似最舒服的姿势往往是最不健康的，久而久之，不仅影响个人形象和身材，还会伤腰伤颈椎，让你坐出一身病！

错误坐姿1：窝在沙发上。很多人喜欢坐在柔软的沙发上，觉得很舒服。殊不知，柔软质地的沙发会让臀部下陷、背部弯曲，自我感觉很舒服，但时间一长，就会影响身体健康，进而引发腰部疾病。

错误坐姿2：坐满椅子。在社交场合中，坐满是不谦恭的表现，坐得太满，坐下时很容易碰到椅子，发出声响，会让对方觉得你是不礼貌的。

错误坐姿3：完全松软地靠在椅背上。含胸驼背，无精打采，很没有气质。

错误坐姿4：两膝分开。坐下时双腿打开，双膝分开，作为女人会给人不矜持的感觉。

错误坐姿5：跷二郎腿。职场中，有很多人喜欢跷二郎腿，不仅不雅观，而且坐着的时候很容易弯腰驼背，长时间如此，不仅不利于血液循环，还会出现双肩不平，双腿不对称等情况。职场中十分忌讳跷二郎腿，应双腿并拢坐正，身体微微前倾以示专注。

坐姿学问多，也是职场仪态礼仪的主要内容之一，无论是娱乐休息还是商务谈判，都离不开坐。坐，作为一种基本常用的仪态，有优雅与粗俗之分，也直接关系到一个人的魅力。良好的坐姿让人觉得安详、舒适、端正、舒展和大方。

我们先学习一下坐姿的基本礼仪，修正坐姿，让你在社交场合不仅不失礼，还无形中提升了自身的气质，让别人更尊重你，喜欢你。

坐姿不只是就座的姿势，还包括坐下的动作和起身离开时的状态。拥有良好的坐姿，便要遵守坐姿礼仪。

①入座时，要缓、轻、稳。入座时应放慢脚步，走到座位前，轻稳地坐下，着裙装时轻拢裙摆而后入座。千万不要坐下后再拉拽衣裙，那样不优雅。坐的时候动作要轻，别坐得吱呀乱响，引得周围的人向你行"注目礼"。坐姿要求端庄而优美，给人以文雅、稳

重、自然大方的美感。

②女性入座后，双腿一定要自然并拢，双膝、腿部和脚都不可以分开，这样会给人优雅之美。

③入座后，上半身一定要挺直，立腰、挺胸，不可以含胸驼背。双肩平正放松，两臂自然弯曲放在腿上或椅子、沙发的扶手上。

④一般来讲，坐椅子的2/3，如果坐得太浅，会给人一种临时就座的错觉。同时，会觉得你不太尊重对方。

常见的六种女性基本坐姿：

标准式

要领：入座时，从椅子的左侧入座，坐椅子的2/3，两膝并拢，双腿并紧，双脚并拢，小腿与地面呈90度，上身挺直，双肩打开。着裙装的女士在入座时用双手将裙摆内拢，以防坐出褶皱或因裙子被打褶而使腿部裸露过多。

侧放式

要领：在标准坐姿的基础上，双脚放置于左侧或者右侧，同时双脚尽量并拢，前身可略向前倾，表示对对方的尊敬。

交叉式

要领：在标准式坐姿的基础上，一条腿垂直于地面，另一条腿从后交叉。

重叠式

要领：在标准式坐姿的基础上，一条腿垂直于地面，另一条腿重叠，脚尖着地。长期采用重叠式坐姿（通俗称为二郎腿），容易造成腰椎与胸椎压力分布不均，引起原因不明的腰痛，甚至是静脉曲张等疾病。所以此坐姿建议少用。

侧挂式

要领：在标准式坐姿的基础上，一条腿侧于45度，另一条腿重叠，脚尖着地。

宛遥说礼小贴士

✓ 穿裙子的女性坐下以后一定要并拢双腿，如果裙长过短，要将双手重叠放于裙口处，以免走光。

✓ 坐下以后切记双腿不可乱动乱颤，不可抖腿。

✓ 坐下时要稳，不可来回挪动椅子，发出声响。

✓ 坐下后，一定要挺直上半身，不可含胸驼背。

✓ 入座后，手要避免做太多的动作。

3. 站出你的风姿

美，是一种整体感受。在人群中，举止优雅的女人总能给人无限遐想，优雅的仪态和举止胜过任何一件华丽的服装，而站姿是一切仪态的重要组成部分。优雅的站姿所散发出的美能给人以视觉享受，气质高贵和光鲜亮丽的女人的秘密之一就是拥有优美的仪态。一个人无论有多漂亮的容貌、多标准的身材、多昂贵的服饰，如果没有优雅的站姿，良好的举止，相信都会让人大跌眼镜。因此，修炼优雅的站姿尤为重要。

从小常听到长辈告诉我们"站要有站相"。但遗憾的是，很多人并不理解所谓的"站有站相"，也没有接受专业的站姿礼仪学习，以致根本不懂得要如何"站有站相""抬头挺胸"，保持正确的站姿。特别是随着年龄的增长和长期不良生活习惯的影响，就出现了站立不挺拔、扣肩等现象，这都会使你与气质无缘。要使自己的站姿具有美感，就要掌握使站姿优雅的技巧。

好的站姿，不但可以让你看起来身材高挑，人更有气质，而且对健康也是非常重要的。良好的站姿，不仅可以让身体呈现美的状态，还可以让身体各个关节的受力比较均衡，不会特别弯曲，防止小腹赘肉、驼背和扣肩现象。而且当你抬头挺胸时，胸口会变得开阔，呼吸也会顺畅，身体得到足够的氧气，精神、注意力都会比较容易集中。

♛ 肩部姿态

肩膀一定要时刻保持打开。在线下课堂中，我看到很多学员都会出现扣肩的现象，而自己却没有发现，这一点非常影响气质。如果仔细留意身边有气质的人，不难发现，她们的肩膀一定是打开的状态。

那么什么是肩膀保持打开的状态呢？我们先双肩靠墙找感觉，双肩紧贴墙面，顿时会觉得挺拔了很多。再来体验肩部向后向下沉的状态：肩膀向前—向上—向后—向下。当我们时刻提醒自己保持肩膀打开的状态，你就会发现气质会一点点提升起来。

👑 胸部姿态

站立时，挺胸收腹，精神饱满，气息下沉。将胸部挺起来，身高会有拉高 0.5~1 厘米的效果。同时，挺胸的人也会感觉身体整体上扬。

👑 手臂姿态

建议女性保持站立的时候，手臂高度在肚脐位置，右手叠在左手上，四指并拢，虎口相对，手指放松，给人一种知性的感觉，或是将双臂自然垂于身体或交叉，表示出自然的亲和力。

👑 脚部姿态

一脚在前，一脚在后，前脚放在后脚中间的位置，成"丁"字步，两脚的角度不要大于 45 度，这样才会更优雅，同时这样的脚位也让身形显得更苗条。

标准站姿基本要领

头正、肩平和腿并。头正,即两眼平视前方,嘴微闭,下颌微收,表情自然,面带微笑;肩平,即两肩平正,微微放松,两肩稍向下沉;腿并,要求两腿并齐贴紧,脚跟靠拢,身体重心落于两脚之间,女性的双腿在公众场合都不可随意张开。

让人显高的优美站姿

让人显高的第一个部位是头顶,要感觉头顶上有根绳子拽着。同时,将前额微微上扬,会使整个人的精神面貌提上来,也具有拉高身体的效果。

第二个部位是胸部,双肩向后打开,胸部就看起来更挺拔了。

第三个部位是臀部,夹紧臀部,并提拉臀部线条,也同样会起到拉长身材的效果。立腰提臀,臀部往上提,整个人就会很挺拔。

错误站姿

①扣肩驼背。

②脖子前伸。

③一肩高一肩低。

④两脚分得太开。

⑤不停地抖腿。

⑥抱臂而站，长时间会驼背。

⑦过于随便，驼背、凸腹、伸脖、塌腰、耸肩、摇晃身体等。

优美的站姿能通过学习和训练而获得，在生活中可以修炼。下面的两种方法可以利用每天空闲的时间练习20分钟左右，效果将会非常明显。

一是贴墙直立（九点靠墙法） 背贴墙站直，全背部都要紧贴墙壁，后脑勺、双肩、臀部、小腿肚及脚后跟全部贴住墙壁，让你的头、肩、臀、腿之间纵向连成直线。慢慢地去找挺拔、头顶找天的感觉。

这个方法也是我经常分享给学员的最简单实用的方法，每天坚持20分钟，至少坚持一个月，一定有效果。曾经有学员问道："宛遥老师，每天站20分钟，好无趣啊！"教大家个方法，站立20分钟的同时，面部贴张面膜，再收听宛遥老师的喜马拉雅音频学礼仪节目——《宛遥说礼》，一举三得！

二是头顶书本 把书放在头顶上，你会很自然地挺直脖子，收紧下巴，挺胸挺腰。头肩颈在同一直线，双肩打开下压，心里坚定一个信念并默念：天下我最美。

要想拥有优美的站姿，就必须养成良好的习惯，并长期坚持。每天进步一点点，你会发现自己的站姿开始优美了，身体也得到了舒展。同时，你会给别人留下更好的印象，提升自身魅力。

宛遥说礼小贴士

✓ 站一定要挺直，抬头、挺胸、收腹。不只是在重要场合，无论是在哪种场合，只要是站就要保持这种姿态，长久下来就会形成一种习惯。

✓ 衣服要穿出气质，首先要练习优雅的站姿。

✓ 仪态端庄，充满自信，这样的女性最有魅力，也最能吸引别人。

✓ 想成为更有气质的人，就要多修炼仪态举止，同时要多和有气质的人交朋友。

✓ 一定要记住：站立时两脚不要分得太开。

4. 学会微笑，好运的开始

你会发现，爱笑的人总是有好运。微笑是国际通用的语言，也是人类面孔中最迷人的表情，是社会交往中美好而无声的语言。爱笑的人，看起来是自信而有亲和力的，是坚强的表现，也是获得好的人际关系的一剂良方。

♛ 微笑，带来身心健康

每个人的一生都不可能是一帆风顺的，人生其实就是体验。无论遇到什么样的挫折和不顺，都要保持微笑。

微笑能够让我们舒缓情绪、放松身体、放松心理、缓解压力、减轻疲劳，对身心健康有很大的帮助和改善。微笑能起到减压的作用，根据科学调查研究发现，经常微笑的人压力比普通人要小，同时心态上也比较乐观。

微笑能够提高我们的免疫能力，能够使我们的副交感神经处于活跃的状态，使我们的肾上腺素降低，从而缓解我们的疲劳。正常人体内每天都会产生一定数目的癌细胞，所幸体内的"自然杀伤细胞"正是癌细胞的天敌，这些免疫杀手能够摧毁肿瘤细胞，从而进行"自然杀伤细胞"的活动。

♛ 微笑，带来好人缘

微笑是一把神奇的钥匙，可以打开心灵的迷宫，所以人与人交往时，微笑的作用不可忽视。在人际交往中，存在"曼狄诺定律"，曼狄诺定律主张人们应当面带微笑，微笑具有非常神奇的魔力。可以说，微笑是世上最美的语言，它虽然无声，却能深深地打动每一颗冷漠的心灵；微笑是人际关系中的"润滑剂"，它能拉近人们之间的心理距离，使人们建立起良好的友谊，带来更好的人际关系，让我们在社交活动中事半功倍。即使你不善言辞也没有关系，重要的是你通过微笑绽放你内在的善良与友好，拉近你和他人的距离，从而实现心与心的交流与碰撞。

我有一位线下学员，初次见面时，她留给我最深的印象是没有一点笑容，面部愁苦的神情让人感觉很不开心。在聊天中，我得知她的夫妻关系不好，事业也不顺利……其实，这也是我感受到的。在课程中，她才知道，笑对一个人很重要，也是她目前最需要修炼的。刚开始，是为了练习笑而笑，再后来就是发自内心的笑，笑起来的感觉是亲和的、美丽的。再见她时，她不再是原来愁眉苦脸的样子，而是表情舒展，长长的眼睛在笑，腮上两个很迷人的酒窝也在笑，从她说话的神态中，感受到挡不住的开心和幸福。她对我讲，现在先生对她也开始关心了，孩子看到妈妈在笑，性格也更开朗了。

好多人说自己不会微笑，笑比哭还难看。经常见空姐训练微笑，还要咬紧筷子去练习，真是太难了。其实，微笑不是刻意去笑，更不是为了笑而笑。在我多年的教学中，更多的感触是：微笑是发自内心的、真诚的。微笑也不仅仅是淑女般地点头致意，也不是一定要露出 8 颗牙齿。笑是一种最为常见的心情表达方式，微笑的礼仪标准是眼睛与嘴角结合，眼睛也要笑。如何呈现眼睛在笑？可以想象一下，当你中了 500 万元彩票的感觉，或是当你梦想成真的那一刻，非常开心的时候，眼睛笑的感觉。

在礼仪中微笑分为一度微笑和二度微笑。

一度微笑

一度微笑是指嘴角微微翘起，颧肌提起，做自然轻度微笑，眼神中有笑意，不露牙齿，表示友好、欢迎、打招呼，适宜社交场合的初次见面。

二度微笑

二度微笑是指嘴角明显上弯，颧肌明显舒展提起，眼睛也要笑，表示亲切、温馨、开心，适宜社交场合与熟人、亲友之间开心的笑，让笑意荡漾在眼底，传递给别人开心和温暖。

♛ 微笑训练方法

对镜训练法——找到一面镜子，站在镜前，看着镜中的自己，调整呼吸，想象自己是最美的。开始微笑，颧肌提起，双唇轻闭，使嘴角微微翘起，眼睛要笑，想象最开心的事情，找一下最美的状态。接下来，练习二度微笑，露出牙齿，6颗或8颗都可以，一定要注意与眼神的结合。如此反复多次练习，找到最好的笑容状态。

肌肉是有记忆的，经常练习，会形成习惯，而不需要刻意地微笑。同时注意眼神的配合，使之达到眉目舒展的微笑面容。如此反复多次练习。

礼仪中微笑的注意事项

①发自内心的微笑才是自然大方的,微笑要由眼神、眉毛、嘴巴、表情等方面的动作协调配合来完成。生硬的、虚假的微笑则不可取。

②在社交场合,要与人和善,千万不要吝啬自己的笑容,无论遇到你喜欢的人还是令你反感的人,都要微笑,这也是你格局大的表现。

③微笑一定要注意场合,失态的笑、不分场合的大笑和幸灾乐祸的笑等,都是不合时宜的。

④保持良好的口腔卫生,牙齿缝中有异物或口气不清新会令你的笑容大打折扣,保持口腔清洁、口气清新,养成良好的卫生习惯,会让你的微笑更有魅力。

宛遥说礼小贴士

✓ 微笑是一种礼仪,不要吝惜我们的微笑,要不断修炼,笑出最迷人的状态。

✓ 微笑，不仅仅适用于在社交场合或职场，在家庭中对自己的伴侣、孩子等家人都要保持微笑的状态，会让你的家庭关系更和谐。

✓ 古时候都说女子要笑不露齿，但要根据个人情况来定，比如，有些人不露牙齿微笑漂亮，有些人露出牙齿好看，就适当地露一下牙齿，一般讲究露 6 颗或 8 颗牙齿。

✓ 迷人的微笑一定是发自内心的，不要忘记，微笑要与眼睛结合。

5. 与人沟通，怎样的眼神才得体

眼神最能反映一个人的内心真实状况，眼神交流是无声的语言，无声胜有声。眼神带给人更多的是坚定、亲切、和蔼和力量，或是自卑、胆怯、沮丧和愤怒。在社交活动中，眼神礼仪很重要，但眼神礼仪却往往是人们所忽视的。

人与人交流非常注重第一印象，而第一印象中你的外在感觉、形象占到了55%，而眼神就是其中最重要的一个因素了。眼神给人的感觉也决定你的气场。

如何在社交活动中更好地运用眼神礼仪呢？

首先，根据身份选择注视区域

不同的社交对象，注视的部位是不同的。一般来讲，把一个人的面部分为三个三角区：上三角区、中三角区和下三角区。上三角区，即眉毛以上部位，第一次见面或与不太熟悉的人见面时，可以看向这一区域。中三角区，即眉毛与鼻尖之间的部位，也是面部中间的区域，注视这一区域，容易让人产生亲切的感觉，注视对象为朋友、同事等。下三角区，即鼻尖以下、锁骨以上的部位，此区域为亲密区域，注视对象为亲人、恋人。

其次，不要长时间注视不熟悉的人。

不能对关系不熟或关系一般的人长时间注视，否则将被视为一种无礼行为，这也是全世界范围内通行的礼仪。一般在社交场合，当我们长时间盯着别人看难免尴尬，正确的眼神礼仪是：先分清对象，根据对象选择注视区域。看对方的眼睛到嘴巴区域，也就是面部的"三角区"，标准注视时间是交谈时间的 1/3 到 2/3，这是恰当的"社交注视"。眼睛注视对方的时间超过整个交谈时间的 2/3，属于超时型注视，一般使用这种眼神看人是失礼的。当我们和对方"四目相对"时，你会有心跳加速、尴尬、胆怯、自卑等各种不舒服的感觉，你的内心世界就会暴露出来。

再次，眼睛转动要有度，要有眼神的交流。

在社交礼仪和职场礼仪中，千万不要随意转动眼珠，一个人的言行举止是否有礼，最重要的是看是否能在不同的场合遵循一个"度"，而眼睛转动的幅度与快慢也必须遵循一个"度"。眼珠不要转得太快或太慢，眼睛转动太快则表示不踏实、不信任，给人轻浮、不庄重的印象；但是，眼睛也不能转得太慢，太慢就会有目光呆滞的感觉。眼睛转动的范围也要适度，范围过大给人以白眼多的感觉，过小则显得呆板。

当我们面对客户，一定还要注重与客户的眼神交流。当我们向客户介绍公司产品或业务时，如果你不敢直视对方，而是一直低头交流或是不停地眨眼或转动眼球，这种表现是最忌讳的。所有的销售都需要传递一种信赖感，当眼神没有坚定感时，传递给客户的一定是不专业感，此时你低垂的眼帘，展示了你内心的不自信和柔弱，让客户感觉你是不专业的，是不值得信赖的。所以，也常常与签单失之交臂。

对于眼神的运用，在家庭关系中也是很重要的，要学会恰到好处地运用，你会发现眼神的力量真的太神奇了。

记得有一位女学员曾经在我面前哭诉，原因是她与先生的关系不是很好，已经濒临离婚，她非常痛苦，不知道如何能挽回她的婚姻，她也听了很多幸福关系的课程，但没有明显的效果。我听了她的诉说后，安慰她，并坚定地告诉她，一切会好起来的。我教会了她用眼神的力量挽救婚姻。具体方法：夫妻二人默默对视，持续几分钟后，会发现双方是用心在交流。她果断尝试，不到两个月，我再接到她的电话时，她说她和先生眼神对视了几分钟，她和先生的眼睛都湿润了，确实在用心沟通，感觉对面的这个人太需要珍惜了……电话那边洋溢着满满的幸福，我仿佛也听到了她发自内心的笑声。

很多人认为拥有幸福太难了，其实不难。学会在你的家庭关系中多运用眼神,体会眼神的力量。很多人穿梭于繁忙的事业与家庭之间,却忽视了与另一半的眼神交流,可以回忆一下,有多久没有好好注视一下你的爱人了?回家后只是简单的几句话,甚至说话时,都不再认真地看着对方,与对方交流都不再上心。众所周知,眼睛是心灵的窗户,没有眼神的交流,就没有心灵的贴近,夫妻关系也随之渐行渐远。亲爱的朋友们,从此时此刻开始,让我们与家人、爱人、孩子多交流、多注视,用眼神传递情感,给爱人温暖,给孩子鼓励,你会拥有满满的幸福和爱。

宛遥说礼小贴士

✓ 远距离注视对方时,注视对方的全身;近距离时,要注视对方的面部"三角区",对于异性,只看上三角区,不要看中三角区和下三角区。

✓ 注视别人时,一般为正视,即平视,不要斜视或侧视,这是对别人的不尊重。

✓ 时刻牢记"目中有人",但不要全身打量别人或进行"激光扫描",无论对方多有魅力,我们都要学会礼貌注视。

6. 手部姿态在不同场合的运用

与人交往中，肢体语言尤为重要，而手势作为肢体语言的一种，很能表达我们的态度、修养和心情。恰到好处地使用手势，能彰显我们的气场，提升个人形象，对我们的沟通也有很大的帮助。

俗话说："心有所思，手有所指。"手势的魅力不亚于你的容貌。当我们兴奋时，手势就会手舞足蹈；当我们生气时，手势就会抓狂；当我们平静时，手势也会温和。

手势在每时每刻彰显着我们的内心世界和情绪。当然，没有人天生就能对手势运用自如，一切都是通过学习修炼才能让自己灵活运用，为你助力。

♛ 请的手势

"请"的手势是工作和生活中经常用到的。我们把"请"的手势分为小请、中请和大请。学会这三种手势，会让你在社交场合中游刃有余。

小请

一般在引领客人时用"小请"的手势，比如，引导客人时，说"请进""这边请"。

做"小请"的手势时，五指伸直并拢，手掌自然伸直，手心斜向上，肘作弯曲，优雅地划向指示方向。做这个动作时，首先以肘关节为轴，手从胸前划半圆，小臂与大臂呈45度，打开至身体侧前方，不要将手臂摆至体侧或身后。同时，目视对方，面带微笑。如果在欢迎客人时，要用亲切柔和的目光注视客人，并说些"有请"之类的话。

中请

"中请"的手势比"小请"幅度大一些，指向椅子的位置，或是在行进过程中做引领手势。五指伸直并拢，手心斜向上，手掌自然伸直，手心倾斜向上，肘作弯曲。做这个动作时，以肘关节为轴，手从胸前划半圆，小臂与大臂呈大于45度，打开至身体侧前方。

接待客人并请其入座时采用"中请"的手势，手掌指向椅子的方向，表示请来宾入座。在指引方向时，身体要侧向来宾，眼睛要兼顾所指方向和来宾。

大请

"大请"的手势比"小请"和"中请"的幅度都要大，小臂与大臂呈近180度，目视来宾，面带微笑。指向远方时，手的高度与肩部持平或略高于肩部；指示道路方向时，手的高度大约齐腰；指示物品的时候，手的高度根据物品来定，小臂、手掌和物品呈直线。

鼓掌的手势

鼓掌的手势也是经常用到的，看演出、听会议等场合都会用到，一般是表示欢迎、祝贺、赞许、致谢等含义。鼓掌也是有很多学问的，很多人认为很简单，也没有研究过，所以鼓掌的动作会有点不优雅。

鼓掌动作应该是五指并拢，手指不可分开，否则看上去不雅观。贵气优雅的鼓掌动作应该是，先伸出左手，再用右手用力地击打左手掌的掌心。这样鼓掌的声音是响亮的，同时也很优雅。鼓掌一定是发自内心的，还要掌握好时机，不该鼓掌的时候一定不要鼓掌。另外，鼓掌的时候不要戴手套。

♛ 举手的手势

很多场合，需要做出举手的手势。举手表示招呼或赞同。举手时手臂轻缓地由下而上，向侧上方伸出，手臂可全部伸直，也可稍有弯曲，注意五指要并拢，不要分开。

很多人困惑在饭店需要叫服务员时，用手势应该如何表达？我们在饭店经常看到，好多人单手指着服务员，还有的五指弯曲摆动示意服务员，这些都是不礼貌的。需要服务员过来时，大大方方地举手示意就好了，"服务员，您过来一下，我要点餐"。

♛ 运用手势语注意事项

手势忌夸张

一般要求手势的幅度不要太夸张，也不要畏畏缩缩。与人沟通时,手势的高度上限一般不超过对方的视线;特别是当众讲话时,手势最高不要高于头部,最低不要低于腰部。

手势忌过多

在社交场合中,与人交流时不要有太多的手势。在线下课程中,我会发现很多学员穿搭很漂亮,可为什么感受不到她的气质呢?除了站姿不够美之外,还有一点就是手势太多,挠头、摸脖子、指手画脚等。当手势过多时,就会降低一个人的气质,还会让别人觉得缺乏修养,瞬间降低你在别人心目中的形象。

手势忌不雅

很多手势都可以反映人的修养、性格、情绪等。手势一定不是随意用的,有些手势动作是要避免的。在日常生活中,会经常看到有人用单根手指指人,这是对别人不尊重的表现,在公众场合抓耳挠腮、咬指甲、挖鼻孔等,这些动作都是不雅的,看似是小的动作,却让人非常反感。

宛遥说礼小贴士

✓ 在公众场合,手势一定要少,切忌动作太多,恰到好处地运用手势，会让人感觉你是有修养的人。

- ✓ 谈到别人时，不可用手指指别人，这是非常不礼貌的。
- ✓ 无论是举手，还是引领手势，五指都要并拢，不可分开。

7. 提升气质的四个关键点——颈、肩、腰、腿

美不一定有气质,但有气质一定美。每个人都可以让自己更有气质,但由于长期的不良工作、生活习惯,如长时间的伏案工作,很多人会有颈部前伸的习惯。日常的不良姿态和生活习惯,再加上缺乏锻炼,对形体、仪态以及行为举止等疏于重视,人就会没有气质。

有些女人明明长得很清秀,身材匀称,但因含胸驼背,坐没坐相,站没站相,看上去比实际年龄要老5~10岁。而有些女人虽长相平平,但很注重仪态,举手投足都很优雅,看起来就很有风度和气质。

有人会好奇,随着年龄增长,气质是否就打折了?其实,气质与年龄无关,它拥有一种超越年龄的美。初次见面想打动别人,重要的一点就是要有气质。气质的提升其实很简单,掌握提升气质的

四个关键点，分别是关于颈、肩、腰、腿，就可以快速提升气质。

♛ 第一个关键点：颈部要伸展

脖子不美，气质全毁。大家都知道，有些明星很漂亮，但是在某些场合被拍到颈部前倾，依然影响了她们的整个身形体态。而演员刘诗诗的体态，一向为人所称赞，无论是站、坐、走，还是举手投足，始终保持沉肩坠肘、脖颈挺立、挺胸收腹，很有气质。如果脖子前倾，就会显老，身高也会变矮，同样漂亮的衣服，穿到身上却没有感觉。很多人觉得脖子前倾不是太重要的事情，而实际上，除了影响气质外，还会影响健康。

我们可以看到，有气质的女人，脖子都是挺直的状态。如何修炼脖颈优美的曲线呢？首先，要把脖子拉长，从脖子开始，颈椎向上牵引，头顶找天，感觉有根绳子拉着百会穴向上的感觉，同时胸椎、腰椎、尾椎都在正确的状态下。在日常生活中，要随时保持自己颈部的支撑和拉伸，想象头顶上有一顶皇冠，随时都要非常美地戴起来。其次，从侧面看，我们先把耳朵、颈、肩、手臂和腿调整在一条线上。再次，我们想象头顶有根绳子吊着你，感觉向上把颈部拉起来，当颈部拉起来的时候，我们的颈部会有一个小坑，也就是美人坑。这三点非常重要，只要我们用心感受和修炼，就会找到颈部最优美的曲线。

第二个关键点：肩部要打开

肩部，是一个人身体平衡的支撑位，宛如天平的两端，直接决定一个女人是否有气质。最能体现一个人的青春的就是双肩和后背。如果双肩打开，胸自然会挺起来，就会显得高贵性感。所谓"香肩美人"就是指肩部的线条，不仅要漂亮，而且不能扣肩、驼背。如果耸肩则会显得脖子短、不自信。全世界最优雅的女人是法国女人，她们平时习惯挺胸抬头，所以背部永远是优美、挺拔的，肩部打开，时刻给人优雅的感觉。

那怎样才算是正确打开肩部呢？现在我们可以站在镜子面前观察一下自己的站姿，如果从侧面可以看到手臂，同时又能看到后背，那就是不正确的；应该是只能看到手臂，看不到后背。可以通过提单肩动作进行练习：两腿分开与肩同宽，双肩自然下垂，手腕尽量抬起，单肩向上尽量去找耳朵的位置，可以看着镜子中的自己，找到美的感觉。

♛ 第三个关键点：打造小蛮腰

每个女人都想拥有精致的小蛮腰，细细的小蛮腰使我们整体的气质有所提升，看上去真的很美！由于久坐或"葛优躺"，缺乏运动，多余的脂肪就很容易堆积在腰腹部和臀部，导致身材变形，臃肿难看。运动腰部可以使其紧致并加强线条、柔软腰身。

想要拥有精致的小蛮腰，我们就一定得消除腰部的赘肉，在这里我推荐给大家两项有氧运动，可以帮助分解腰部的多余脂肪。

如果你想要拥有精致的小蛮腰，这样做了，打造全方位无死角的细腰也不是梦。

仰卧起坐

我们在进行仰卧起坐的时候，需要采取仰卧的姿势，双手抱头，手展开或者是在胸口交叉。我们需要以核心进行主要的发力，让上半身抬起来，腰腹部得到充分的锻炼和延展，从而完成一次仰卧起坐。每天练习60个，可以分3组，一组20个。

画横8字形

这个动作很简单，想象在你面前有个横着的8字形，双脚分开站立，双手叉在腰部，一边想象8字，一边用腰扭动画8字，一左一右每次扭动的幅度可以加大一点，体会每一个动作带来的感受。通过练习，把女人的高贵、自信表达出来。坚持两个月，你就会拥有曼妙精致的小蛮腰。

♛ 第四个关键点：腿部要有力

腿部，最能体现我们的生命力。腿部是支撑身体的基础，是生命大厦的地基，腿有力，走起路来才能更加轻盈和挺拔。身材完美的条件是什么？曲线良好，清晰可见。还有一个最重要的条件，那就是要有一双漂亮的大长腿！很多人腿没劲，比如，练习站桩的时候腿很难支撑上半身，导致上半身的重量都压在下半身，再加上地球引力，臀部松弛下垂，臀部两侧肌肉向外裂开，大腿变粗，特别是大腿根部会变得很粗。不过，我们也有相应有效的方法来进行调整。练好腿部肌肉可以让我们的身材看起来更棒，气质也会有所提升。

高抬腿锻炼

高抬腿锻炼能够较快地提高我们腿部肌肉的爆发力，通过锻炼腿部肌肉，使腿部肌肉线条变得更漂亮，每天抽出10分钟的时间，可以在客厅里做 4 组高抬腿运动。整个人的上半身保持与地面垂直，左右腿交替向上抬起，然后让腿部尽量向上抬起，大腿高度最好能够达到我们的胸部。一共进行 3 组，每组进行 100 次左右腿交替。高抬腿可以很好地瘦大腿，促进腿部脂肪的燃烧。

开跨下蹲

我们会看到外国电影中的那些贵妇们，她们会经常骑马来训练以保持上身形体，给人高贵的感觉。开跨下蹲形体练习，可以把外在的高贵感觉与内心的感觉结合起来进行练习。挺胸立腰，双脚打开比肩宽，头顶找天，左手叉腰，右手向体侧无限延伸，身体保持平稳端庄。这一动作有助于消减大腿内侧、肚子部位的脂肪。

想让自己更有气质，就要付出相应的努力，抓住提升气质的四个关键点，对颈部、肩部、腰部、腿部进行针对性的练习，1 个月就可以看到明显的提升效果，成为气质女王。

宛遥说礼 小贴士

✓ 想要有好的气质，就要时常提醒自己：脖子挺直，双肩打开（找贴墙的感觉）。

✓ 气质训练法：背靠墙，臀、肩和头贴着墙，用力吸气、收腹，每次坚持训练20分钟。

✓ 女人要始终记得保持挺拔的站姿、端庄的坐姿、流畅的走姿、优雅的手势以及沉稳的谈吐，让你的举手投足都给人一种美的感受。

8. 走出风度和气质

"站如松,行如风。"走姿是站姿的延续性动作,也是一个人气质的体现。一个人的走姿,最能体现人的精神面貌。走路,人人都会,但是要走出风度,走出优雅,走出美来,则要靠平时多练习。很多人认为,走路还需要学习吗?的确,走路看似简单,但并不是每个人都能走出美的风度。

♛ 要保持上半身挺拔的姿态

要想走得好,上半身一定要挺拔,感觉后背紧贴着一面墙、靠在墙上的感觉。如果上半身扣肩驼背,脖子前伸,无论怎样的走姿都是不美的!伸直脖子、挺胸、收腹、提臀,这样的体态会增加女性的魅力,让你拥有更多的回头率!

走路一条直线

女性走一条直线，会更优雅。走路的时候，腿与腿之间没有缝隙。走路时应使用膝盖的力量，做出前进或后退的动作，感觉膝盖有轻度的摩擦，这种步态会让身体显得修长。如果两脚脚跟落在两条线上，腿之间有缝隙，人就会显得胖一些，而且很难走出气质。留意一下，袅袅婷婷的步态，必然是两脚踩着一条线走的。在线下课堂中，学员在训练走姿时，一定心里默念"直线"。女人的优雅气质与三个字是相关的：慢、收、少。

慢：动作举止一定要缓慢，不能太急，太快。慢了，就有优雅的感觉了，如果每天风风火火，是与优雅无缘的。

收：无论站、坐、行、蹲，都是向内收的。站姿，脚呈Ｖ字形或丁字形，不能张开很大。坐姿，双膝不可分开。行姿，要走直线，不能呈内八字或外八字，否则就有"女汉子"的气质了。蹲姿，一只脚在前，另一只脚在后，不可分开太大。

少：动作一定要少，不必要的动作，就不要做，静止下来。经常看到很多人一边走路，一边抓耳挠腮或指指点点，小小不雅的动作就会让你的气质大打折扣。

♛ 注意脚的摆放

内八字：双脚脚尖朝内，膝盖分开。

外八字：双脚脚尖向外打开，走起路来活像只企鹅，很多女汉子，都有走路外八字的习惯。

正确方式：脚跟并拢，双脚脚尖略为分开，中间大概是一个拳头的距离，双脚成"V"字形或呈丁字形，一只脚在前，一只脚在后，前脚脚后跟紧贴在后脚的中间的位置，两只脚的角度不要大于45度。

♛ 双臂要紧贴身体

我记得在国外的一个朋友家里做客，发现他们的孩子从小就接受了严格的训练，吃饭时会被绑住手臂拿着刀叉进餐，这些训练是为了避免在吃饭时触碰到邻座的人，从而影响到别人。

行走时，双臂紧贴身体，除了避免影响别人外，还有重要的一点是会提升气质。在大街上大家不难看到，有一些人走路时，把双臂的胳膊肘架起来，就折损了自己的气质。特别是在公共空间，要随时随地考虑别人，不给他人造成不必要的麻烦，这也是最基本的修养。因此，行走时以大臂为轴，前30度、后15度，前后摆动。大拇指顶在食指的第一关节处，手呈半握式。

♛ 保持后脚跟先着地

好多学员关于走姿问的最频繁的问题是："老师，走路时是脚尖先着地还是脚跟先着地？"正确的走路姿势是，脚跟先着地。脚尖先着地的方式会使人的重心前移，还会导致骨头受力不均衡，让人感觉蹦来蹦去的，而且还会让身上的赘肉都有向前凸出来的趋势。这样的走路方式很难让女性呈现优美、窈窕的线条。脚后跟先着地的走路方式，会让身姿更平稳。

两人行走时，要懂得行进中的礼仪。一般来讲，男女同行遵照男左女右原则。如果两个人或多个人一起行走，以右为尊，以前为尊。比如，和领导一起行走的时候，就应站在领导的左侧，让领导靠右行走，以示尊重。如果是男士和女士一起同行，应遵行男左女右的原则。如果三人同行，应以中间的位置为尊，右边次之，然后是左边。另外，在行走中，要避免多余的动作举止，保持良好的仪态，不要左顾右盼、推推搡搡或是拉拉扯扯。

宛遥说礼小贴士

- ✓ 行走时,不摇晃肩膀和上半身。
- ✓ 跨步均匀,两脚之间相距为一脚到一脚半的距离。
- ✓ 女士行走时要找到地面上有一条线的感觉。

9. 优雅的蹲姿

在生活中，我们会经常蹲下来捡东西，一个简单的动作，却能体现一个人的优雅与美丽。记得有一次在大街上，我看到一位穿着精致的女士，当我正在满目欣赏她时，突然她蹲下捡物品，只见她臀部后撅，双腿敞开而蹲，这个小细节瞬间让人大跌眼镜。

女士蹲下来，一定注意避免暴露个人隐私，否则这不仅是对自己的不尊重，也会影响自己的形象。一位美丽的女人，却因一个蹲下的动作，让优雅打了折扣。蹲姿与站姿、坐姿和走姿一样，也有礼仪的要求。站有站相，坐有坐相，那蹲也要有"蹲相"，但如果蹲无"蹲相"，随便弯腰，两腿打开，上身前倾，摇晃身体，显得既不雅观，也不礼貌。"蹲姿"虽是一个简单的动作，但细节见修养，好的仪态不仅体现了个人的气质及素质，更加体现了一个人举手投足间散发的修养及家教。

如何下蹲更优雅呢？女士进行蹲姿时，尽量侧面对着别人下蹲，不要正面面向对方。蹲下来捡拾东西时，一脚在前，一脚在后，两腿不要分开太大，可以根据个人习惯，一般来讲，左脚平放在地面上，右脚尖着地，右脚跟抬起，将双腿紧靠，将身体的重心放在左脚跟上，保持重心稳定，避免滑倒。臀部要向下，背部保持挺直的状态，不撅臀、不勾腰驼背；起身时，保持上半身的精气神，面带微笑，眼神自信。恰当的蹲姿能化解尴尬，还能体现出你的成熟稳重。

♛ 蹲姿优雅的要求

下蹲捡拾物品时，应大方得体，不可摇晃上半身。

下蹲时，一脚在前，另一脚在后，避免滑倒。

女士无论采用哪种蹲姿，都要将两腿靠紧，脊背保持挺直。

臀部一定要蹲下来，避免弯腰翘臀的姿势，臀部向下。

♛ 蹲姿禁忌

臀部不可向后撅起

弯腰捡拾物品时，两腿叉开，臀部向后撅起，是不雅的姿态。

蹲时注意内衣不可以外露。

女士下蹲时，将手放在胸口处，做护胸口的动作，避免内衣外露。

不要正面向着他人

下蹲捡拾物品时，如果身边有其他人，下蹲最好侧向他人，尽量不要正面向着他人，更不能背对着他人，这是非常不礼貌的行为。

不要毫无遮掩

在大庭广众面前，女士如着裙装，一定要避免毫无遮掩的情况，两腿叉开，是很不优雅的表现。

优雅的蹲姿，除了展示优雅的美感，还传递一份情感。在线下课程中，很多妈妈经常困惑孩子的教育问题，孩子不听话，非常烦恼。当我们进行一番对话后，才发现很多家长确实是爱孩子的，但不知道如果去表达我们的爱。爱，不仅仅是说出来，很多时候，也会通过行为举止来传递。比如，家中的小宝贝受了委屈，回来后很伤心，你是否能做到很好地沟通询问呢？我们是否可以蹲下来和孩子平视交流，就像朋友一样倾听宝贝的心声呢？很多父母会俯身询问孩子，有时还会责怪与谩骂，无形间只能给孩子带来距离感。而下蹲的动作，与孩子平视交流，就会给孩子被尊重的感觉。

记得在央视《开学第一课》的舞台上，董卿采访一位96岁高龄的嘉宾，因为嘉宾在舞台上是坐着接受采访的，为了方便沟通，在3分钟的采访过程中，董卿选择蹲跪的方式，附耳提问，专注倾听。用仰视或平视的目光专注又耐心地倾听嘉宾的分享，再详细地转述给现场观众。穿着半身裙和高跟鞋的董卿其实采用蹲跪的方式并不是那么方便，但为了更好地与嘉宾互动，董卿不惜单腿跪在地上拉近与老人的距离，以示尊重。

还有一次，董卿也是半跪着采访"最美警察"李博亚，感动了全场观众。在一些特殊的场合，蹲跪的动作不经意间体现了一个人的品质，更体现了她的专业素养。

不积跬步，无以至千里，不积小流，无以成江海。你的一言一行、一举一动，都会散发出你的个人气质。当你的每一个细节都有优雅的味道时，相信你也会成为一个优雅的人。

宛遥说礼小贴士

✓ 站在所取物品的旁边，蹲下、屈膝去拿，动作要稳，臀部向下，不要弓背。

✓ 女士无论采用哪种蹲姿，都要将腿靠紧，臀部向下。

✓ 下蹲时一般采用的姿势：下蹲时，应使头、胸、膝关节在一个角度上，一只脚在前，另一只脚稍后（不重叠），两腿合力支撑身体，避免滑倒。

10. 高贵的鼓掌

经常看到很多人不会鼓掌,这句话听起来是不是觉得有些不可思议?谁不会鼓掌呢?确实是的,很多人并没有做到恰到好处地鼓掌,无精打采的鼓掌、消极的鼓掌,甚至在众人鼓掌中你却独树一帜,非常尴尬。

礼仪,表达的就是对别人的尊重,想得到别人的尊重,先要学会如何去尊重别人。而鼓掌作为一种社交礼节,应当做得恰到好处,得体地表达对他人的祝贺、欢迎和鼓励。掌声是人们心与心的无声交流,也是人与人之间的一种重要的沟通方式。掌声的传递,也是情绪与思想的传递,也是情感的传递。掌声代表的是赞同、认可、欣赏、鼓励和拥护。

在生活中,我们要学会多为别人鼓掌。其实每个人都渴望被认同,不论成人还是孩子。有句话说"好孩子都是夸出来的",因此,从心理上首先要有欣赏别人、鼓励他人的意识,在生活中不应吝啬自己的掌声和鼓励。从现在开始，不要总是把手放在口袋里，不要将自己的内心封闭，更不要总是以挑剔的眼光看待他人，多多发现他人的优点、多欣赏、多鼓励。合适的时候，请大大方方热情地为他人鼓掌，传递一份温暖和爱。

♛ 鼓掌的时间

好多人会问，鼓掌还需要学习吗？是的，需要恰到好处地鼓掌。大家试想一下，在一次会议中，当大家一片安静，突然有人冒出两下掌声，是不是会很影响整个会场的气氛，让人觉得你很失礼……因此，要把握时机，在该鼓掌的时候鼓掌。到底应该如何恰到好处地鼓掌呢？

会议、演出开始鼓掌表示欢迎；会议、演出结束鼓掌表示谢意。不要在中间毫无原因地鼓掌，更不要以掌声讽刺嘲弄别人，更不要在鼓掌时伴以吹口哨、跺脚、起哄等不文明行为，这些做法会破坏鼓掌的本来意义。

♛ 鼓掌的姿势

鼓掌时应面带微笑，抬起两臂使手掌至胸前，两手打开，五指并拢，用右手的四指用力地击打左手掌的掌心，两手一高一低，节奏要平稳，频率要一致。稀稀拉拉、断断续续的掌声，给人一种冷淡、不在意的消极含义。掌声大小应与气氛相和谐，表达喜悦心情时，可使掌声热烈；表达祝贺之意时，可使掌声时间持续久一点。

鼓掌时的体态

除了手部的姿势，还有一点需要注意的就是掌声送给谁，身体就要朝向谁，眼睛要看着对方。常见的情况是很多人在鼓掌时，身体不朝向对方，眼睛东张西望，这是有失礼仪的。另外，对于受礼者来讲，还要还礼。还礼的方式有很多，可以通过点头、鞠躬、抚胸的方式进行还礼，以表达对对方的谢意和尊重。

宛遥说礼小贴士

✓ 鼓掌是一种礼仪，也是一种道德风尚。在参加会议、看演讲、听报告或与人交谈的时候，对人都要尊重，要报以热情的掌声，给人留下良好的印象。

✓ 女性鼓掌一定要优雅，双手手指不可分开，五指分开的鼓掌会让气质大打折扣。

11. 鞠躬礼仪分场合

中国是礼仪之邦，也是最讲究礼仪的国度。鞠躬礼是常用礼仪之一。鞠躬即弓身行礼，是中国最古老的一种礼节形式，起源于中国的商代，是一种对他人表示尊敬的郑重礼节，也是人与人之间表达敬意的一种规范。

日常生活中，晚辈对长辈、学生对老师、下级对上级，在演讲开始或结束、演员谢幕时等，都可行鞠躬礼，来表达对对方的敬意和感谢。鞠躬礼适用于欢乐、喜庆、庄严等仪式场合。

鞠躬礼看似简单，但很多人都没有做对。我经常看到不雅的鞠躬礼：一面鞠躬一面讲话、一面鞠躬一面抬眼看对方等，这样做姿态既不雅观，也不礼貌。

鞠躬动作要领

行鞠躬礼时面对客人，行礼时不可戴帽；如需脱帽，脱帽所用之手应与行礼之边相反，即向左边的人行礼时应用右手脱帽，向右边的人行礼时应用左手脱帽。

女性行鞠躬礼时，双脚要收，并拢或呈"丁"字步，双手可以合放在身体前面，背部伸直，目视对方，以腰部为轴，头、肩、上身顺势向前倾 15~45 度，之后抬头直腰，恢复站姿。具体的前倾幅度还可视行礼者对受礼者的尊重程度而定。鞠躬时，先说完"谢谢"之类的语言后，再鞠躬。比如，要感谢对方时，要注意先说"谢谢"二字，再行鞠躬礼，只需一次即可。不可以一边说"谢谢"，一边行鞠躬礼。

鞠躬的角度，在中国一般是 15~45 度，根据客户的尊贵程度来定；在日本和韩国两个国家，鞠躬礼需行礼 90 度。90 度属于最高的礼节，在中国需要慎重使用，分场合、人物来定论。双手应在上身前倾时自然下垂于身体两侧，也可两手交叉相握放在体前，面带微笑，目光下垂，嘴里还可附带问候语，如"你好""早上好"等，施完礼后恢复立正姿势。

通常，受礼者应与行礼者的上身前倾幅度大致相同的鞠躬还礼，但上级或长者还礼时，可以欠身点头或在欠身点头的同时伸出右手答之，不必以鞠躬还礼。

♛ 鞠躬礼仪的分类

一度鞠躬：上身倾斜角度约为15度，微微低头。常用于与熟人打招呼、问候、介绍、握手、与长辈或上级擦肩而过的时候。向对方表示感谢关照的时候，口头致谢固然重要，若再加上点头鞠躬，更能体现诚意。

二度鞠躬：上身倾斜角度约为30度，是商业性往来中普遍使用的鞠躬方式。尤其是在进出会客室、会议室和向客人打招呼时，常用来表示敬意。

三度鞠躬：上身倾斜角度约为45度，一般用于下级给上级、学生给老师、晚辈给前辈、中国传统的婚礼、追悼会等正式仪式；服务人员给来宾表示敬意也使用这种鞠躬礼。

三种行礼方式适用于不同的情况，在日常工作中服务人员最好使用一度鞠躬；在参加重要活动、接待重要来宾时可以选择使用二度鞠躬；三度鞠躬在服务工作中较少使用。

鞠躬方式的注意事项

①鞠躬时,上半身需向前倾,不能只低头。

②不可以一边鞠躬一边抬眼看对方,这样做姿态既不雅观,也不礼貌。

③鞠躬要脱帽,戴帽子鞠躬是不礼貌的。

④鞠躬礼毕起身时,双目还应该有礼貌地注视对方。

⑤鞠躬时,要平稳,头部不可左右摇晃。

⑥鞠躬时,嘴里不能吃东西或嚼口香糖。

⑦一边鞠躬一边讲话,也是不雅观的。

⑧鞠躬必须是站立的,如果你在座位上看到领导,应起立鞠躬。

宛遥说礼小贴士

✓ 地位较低的人要先鞠躬。

✓ 地位较低的人鞠躬要更深一些。

✓ 为了表示尊重,也是要礼貌回应的,受鞠躬礼应还以鞠躬礼。

12. 别让不雅的动作出卖了你

曾经看过这样一个故事：

有个人在一家店吃饭，吃完后打算付钱时，发现忘了带钱，于是对店老板说道：

"老板，我今天忘了带钱，改日送来。"

老板一听，连声回道："不碍事，不碍事。"

然后恭敬地把他送出了店门。

这番情景正好被一个无赖看到了，于是他也走进店内大吃大喝，酒足饭饱后也学着先前那人摸了摸口袋，双手一摊，大声告诉店家：

"老板，我今天忘了带钱，改日送来。"

正当他大摇大摆往外走时，被店家一把揪住，扬言不给钱要剥了他的衣服。

无赖很不服气，他质问老板："为什么刚才那个人可以赊账，我就不行？"

店老板上上下下打量了他一番，回答道：

"人家吃菜，筷子在桌上找齐，喝酒是一盅一盅地喝，斯斯文文的，吃完后还掏出手帕擦嘴，一看就是有修养的人，这样的人怎么会赖我的钱呢？"

"而你呢？筷子往胸前找齐，狼吞虎咽，吃瘾上来，脚就踏上条凳，喝酒也是直接端起酒壶往嘴里灌，吃完后拿袖子一揩完事儿，分明就是个想吃霸王餐的无赖之徒，我又岂能放你走？"

一番话说得有理有据，无赖哑口无言，只得留下衣衫，狼狈逃走。

一个人的行为举止就是自己修养的一面镜子。就连店家都能通过人的气质来识人，更何况在今天信息如此发达的社会，先入为主成为快节奏时代人与人之间相互识别和判定的常用方法。朱光潜先生说："有时候跟人喝一杯茶，就能知道对方是不是你要找的人。"

前不久，咖啡厅的两位女士给我留下了不同的印象。其中一位中年女士，看上去穿着朴素，长相一般，来到咖啡厅里静静地喝咖啡，偶尔接电话的声音也很小。离开咖啡店时，她将桌子上的所有垃圾归拢到一起，以便服务员收拾。另外一位女士，一身名牌，时尚干练，看上去很富态，长相也很漂亮。她用餐巾纸擦了两遍桌子，然后把电脑放在桌面上开始忙碌，过了几分钟，电话铃突然响起,她不顾周围客人的感受和周边静谧的气氛,煲了半个小时的"电话粥"。之后,拿起电脑离开了餐厅,桌面上留下一片狼藉。两位女士的行为对比,让人唏嘘。

"泰山不拒细壤,故能成其高;江海不择细流,故能就其深。"一个人尽管外在光鲜亮丽,但不雅的动作也会出卖其修养。即便是那个上了断头台的国王路易十六,不经意间踩到了刽子手的脚,也会下意识地说一声"对不起",如此难得的尊贵,虽说将生命输给了历史,却将尊贵留给了千秋后世。

帕斯卡说:"不要从特殊的行动中去估量一个人的美德,要从日常的生活行为中去观察。"举手、请、鞠躬、开门、关门、就餐、敬酒、递水、站、坐、行、蹲……在这些待人接物的姿势里,众生百态,修养立见。生活中的礼仪无处不在,细节彰显修养。在公共空间,互不侵犯,互不影响,甚至设身处地为他人着想,这是礼

仪，更彰显教养。

在高铁上，接听电话降低音量，不影响别人休息；乘坐公交、地铁时，主动给老弱群体让座；用电梯或者进门、关门时，注意看看后方有没有人，伸个手挡一挡、等一等；递东西给别人的时候，双手奉上，态度诚恳一些，如果是剪刀等利器，还请把尖头留给自己；就餐时，双臂尽量贴紧身体，不碰撞别人；在安静的办公区，穿了高跟鞋的你走路轻一点；你掉落到地面的东西，有人帮你捡起递给你时，请说"谢谢"……真正的教养是一种魅力，是高贵人格的自然流露。

很多时候，可能我们自己都不清楚，本以为自己已经有很好的表现了，殊不知，你的某些小动作会让你的气质和修养大打折扣。

公共场合的不雅动作

挖鼻孔。当众挖鼻孔是不雅的，尤其在公众场合。在开会、餐厅就餐或喝茶时，这种不雅的小动作往往会令他人感到厌恶。

失声大笑。时刻保持基本的礼貌，无论看到或听到多么有趣的事情，都要保持基本的礼貌，不要失声大笑，特别是在严肃的场合，否则会让别人很惊讶或惊吓，同时也让自己很尴尬，破坏现场氛围。

抖腿。这是我们经常看到的现象，也是我在线下课堂中提到最多的禁忌动作。在开会、商务谈判、看电影、办公时，不停地抖腿，会让人觉得很烦躁，觉得你不在意或不尊重别人。

当众剔牙 某次在外聚餐时，看到一位先生在饭桌上用牙签剔牙，当众剔除留在牙缝中的菜叶，随后将剔除的菜叶吐在烟灰缸里，顿时大家一点胃口也没有了。在生活中，很多人酒足饭饱后常当众剔牙，毫不在意旁人的感受，这是非常不礼貌的。如果实在要剔牙，可以去洗手间，或是用手或纸巾遮挡口部，剔出来的食物要包在纸巾里，不要随手乱弹、随口乱吐。

动作举止是一个人综合素质的说明书，举手投足见修养。越是希望自己成功的人，越是想成为优雅的人，越会学习提升自己，修炼优美的姿势，去掉丑陋的动作。人的修养不是一蹴而就的，而是来自生活中日复一日的修炼，让优雅的行为举止成为下意识的动作，从骨子里自然流露出真正的优雅。

宛遥说礼小贴士

✓ 管理好自己的言行举止，就会提升你的贵气。

✓ 要成为优雅的女人，日常动作一定要少。去掉多余的动作，如与人讲话时不断地挠头、触摸脖子、撸袖子等。

第五章
知礼懂礼,有礼走遍天下

1. 礼仪之邦，要守礼

礼仪之邦要守礼。在今天，中国的发展受到全世界的瞩目，中华之礼，闪耀全球，我们每个人都是"知书达礼"的中国人。因此越来越多的人开始走进学习礼仪的课堂。

在当今社会，很多人都愿意通过自己的感知来衡量一个未知的人，你看上去像谁，比你是谁更重要。很多人有高学历，但为什么总是把握不住人生美好的机会呢？很多时候，是因为我们的形象——人生这门必修课，没有过关。所以让我们静下心来，学习成长，塑造良好的形象，彰显自己的专业度和信赖感，让形象成为自己品牌最好的代言。当你为自己做好了代言，你的机会、财富就会不期而遇。

"以貌取人"是人的天性。心理学家曾经做过一个实验，分别让一位戴金丝眼镜、手持文件夹的青年学者，一位打扮时尚的漂亮女郎，一位挎着菜篮子、脸色疲倦的中年妇女和一位留着怪异发型、穿着邋遢的男青年在公路边搭车,结果显示,漂亮女郎、青年学者的搭车成功率很高,中年妇女稍微困难一些,而男青年很难搭到车。这个实验说明,第一印象在人际交往中尤为重要。我们常说给人留下一个好印象,一般指的就是第一印象,因此,在社交活动中我们可以利用这种效应,展示给人一种极好的形象,为以后的交流和沟通打下良好的基础。

有这样一个故事:

某医疗机械厂计划与另外一家企业合作,双方约定第二天正式签订协议。第二天,医疗机械厂的厂长邀请这家合作商到车间看一看。车间井然有序,对方也非常认可。走着走着,突然医疗机械厂的厂长觉得嗓子不舒服,他便随意地在墙角吐了一口痰,然后用鞋底擦了擦,地面留下了一片痰渍。合作商看到后,快步走出车间,坚决要回宾馆,没有提签协议的事。合作商临回国时留给医疗机械厂厂长一封信:"尊敬的先生,我十分钦佩您的才智与精明,但车间里您吐痰的一幕使我一夜难眠。恕我直言,一个厂长的卫生习惯可以反映一个工厂的管理素质。况且,我们今后生产的是用来治病的输液管。贵国有句谚语:'人命关天!'请原谅我的不辞而别,否则,上帝会惩罚我的……"

在社交活动中，常常因为一些细节，恰恰暴露出你礼仪修养上的缺陷，而这又恰好是对方所重视的，这就形成了影响合作的大障碍。因此，在社会交往中，言谈举止中的礼仪是非常重要的。

注重外在形象的人总会有更好的工作机会，外表上的优势会让别人不自觉地把很多正面的形象安放在你的身上。形象好的人在社会上更容易抓住更多的机会，而不注意形象和身材的管理，其实也是在无形中告诉众人你已经被生活中的艰辛打败了，向辛苦的工作和繁琐的家务事妥协了。所以，对自己的形象要求越高，也反映出你的生活层次越高。

我从事礼仪培训行业这么多年，发现礼仪对每个人的帮助都非常大。在我们的生活中，一个得体的肢体动作，能够让你在面试中脱颖而出；亲切又落落大方的待人接物，会为你赢得好感；得体精致的着装，会让你在营销中赢得信任；酒会上优雅从容地应对，能让关键人物把下次提升的机会留给你；诚信亲善，也许就会给你带来巨额的订单。

礼仪专家张晓梅女士在《晓梅说礼仪》中写道："礼仪是一件华服，更像是风骨，在我们的血脉里。"时刻保持精致的外表，得体的社交礼仪，不仅是对自己负责任，更是对他人的尊重。当你变得越来越好时，你受到他人青睐的次数也会越来越多。

所以，亲爱的朋友们，从现在开始，让我们注重起自身的形象

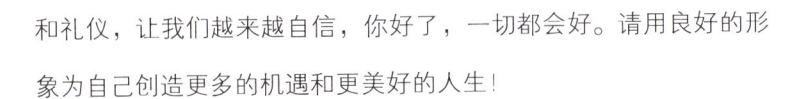

和礼仪，让我们越来越自信，你好了，一切都会好。请用良好的形象为自己创造更多的机遇和更美好的人生！

宛遥说礼小贴士

✓ 在当下"以貌取人"的世界里，1分钟让别人认识你，另1分钟让别人喜欢上你。

✓ 形象礼仪是每个人一生的必修课，无论是孩子还是成人，我们都应该让自己变得更好，活出最美的自己。

2."礼"到用时方恨少

前几天,有位学员给我发信息:宛遥老师,昨天去面试,就是在镜头面前读一个稿子,本来觉得是件非常简单的事情,可是当我看到自己的回放录像时,真是惨不忍睹啊!最终,也是意料之中,没能被录取。老师,我应该怎么学习说话,声音、表情、动作这些可以学会吗?

其实,每当看到学员发这样的信息,心里总是替他们有一些遗憾和惋惜。有句话说:机会总是属于有准备的人!可明明知道,为什么不提前做很多方面的准备呢?人们总是觉得,需要的时候再用,可是真到需要的时候,发现机会抓不住了。

从我们踏入社会的那一刻起,就应该深刻地意识到,在当下能抓住机会是如此重要,而抓住机会意味着改变命运。

"女子无才便是德"的思想已成为过去式,现代社会给女性提供了更宽广的舞台,崇尚独立自主,自尊自立。她们拥有一份自己热爱的事业，会频繁参加各种场合，包括商务场合、社交场合及休闲场合，但无论在何时何地，都离不开"礼仪"这个话题。

大家有没有这样的经历：

想请客户吃饭，却不知道如何点菜。

在饭桌上不知道聊什么话题。

参加社交活动，不知道如何把自己打扮得得体漂亮。

第一次见客户，明明知道很重要，却不知如何给客户留下更好的印象。

总想把自己装扮得更有气质，可是花了大量的时间与金钱逛街，买了很多服装，却总也穿不出漂亮感。

同样的产品，别人销售得很好，可自己的业绩总是不理想。

经营家庭关系，一味付出，可总是得不到想要的幸福。

自己穿着一身名牌，带着一位不太懂礼的孩子参加社交活动，让自己很没面子。

……

以上这些，其实都离不开"礼仪"这个话题。

"书到用时方恨少"，其实我更想说，"礼到用时方恨少"。一个具有礼仪修养的人，会抓住更多的机会，会赢得更好的人际关系，同时助推你的事业，使你拥有经营幸福的能力，还可以给孩子最好的言传身教。

礼仪，是恰到好处地向对方表达尊重。学员经常问道："宛遥老师，尊重不是很多人都懂吗？这个还需要学习啊？"其实，这个是需要学习和修炼的，没有任何一个人生下来就懂得为人处事的礼仪，也没有人生下来就能在社交场合游刃有余。而这些都是需要学习的，大家可以想一下，吃饭是不是学来的？写字是不是学来的？说话是不是学来的？穿衣是不是学来的？

而很多人之所以不会穿衣，是因为大脑中没有穿衣智慧；不会社交，是因为大脑中没有社交礼仪的常识；不会说话，是因为不懂沟通礼仪；不幸福，很多时候不是对方的问题，而是自己没有经营幸福的能力；孩子教育不好，也不能全责怪孩子，我们是原件，孩子是复印件，是因为我们没有给孩子最好的言传身教。

经常有学员打电话求助："宛遥老师，快帮帮我！今天晚上请一位重要客户吃饭，我穿什么更漂亮？我点什么菜？在饭桌上我讲哪些话更好⋯⋯"一连串的问题，我无法一一解答，而这些都来自日常的修炼。

礼仪展示在日常生活中，不能临时抱佛脚，也不是表演一下、包装一下就可以。礼仪彰显修养，这些都不是与生俱来的，而是需要修炼,并在日常生活中日复一日地简单重复,直到你的神态、语气、动作都是自发的,才能让别人更欣赏你,更认可你。

以位次礼仪为例,学员经常问到一个问题:"宛遥老师,每次在引领客人的时候,特别是在走楼梯的时候,都不知道应该站在哪里,前面、后面、左面还是右面呢?"

正确的做法应该是怎样的呢?是把尊者请到一个既安全又省力的方位,也就是楼梯的内侧靠着内侧扶手的一边。也就是把最安全的位置留给别人才是最得体的,最符合礼仪规范的。

从这个案例中我们可以看到,礼仪并不简单,如果我们不懂礼仪而随意行事,就会使对方产生不好的感受,是件得不偿失的事情。

在从事礼仪教育事业多年中,我发现很多人都会认为,学习礼仪,有点小题大做的感觉,完全没有必要。可我发现,越是高端的人士,越会经常向我讨教礼仪的专业知识,他们觉得非常重要,而且特别需要。

礼仪既博大精深,又细致入微。知礼懂礼的人必然不会粗鲁,不会胡乱穿衣,不会猥琐丑陋。在当下如此发达的社会,先入为主已成为人与人之间相互识别的最常用的方法了。

总之,学礼、习礼、用礼,才会成为有修养的人,才会成为卓越的人,才会成为有风度、有气质、有贵气、有好运的人。而一时装出来的，注定有一天会露出破绽，让自己与机会失之交臂。因此，在这个以"貌"取人的社会，请不要因你的礼仪缺失，而使你陷于被动的境地。

宛遥说礼小贴士

- ✓ 与人交谈时，和颜悦色，语言简洁，语调亲切，语速适中。
- ✓ 学会倾听，切忌心不在焉，也不要轻易打断别人说话。
- ✓ 多人交谈时，说话时间长短适度，不要滔滔不绝。

3. 不伤和气的拒绝技巧

中国是传承千年的礼仪之邦，要学会以礼待人，以礼服人。礼仪是我们崇尚的社会伦理，友善、中庸也是中国人的为人处世之道。可是，有很多事情无法完全按照对方的意愿，你想拒绝，但又怕得罪人而不敢拒绝，这就是经常听到的"死要面子，活受罪"。

在生活中，我们要学会说"不"，要学会拒绝。很多时候，我们想拒绝却碍于一时的情面而无法开口，从而给自己带来很多麻烦，让自己不舒服。而有的时候，虽然你表达了自己的立场，却可能会因态度强硬让对方陷入难堪，从而引起双方关系紧张。

人情是这个世界上最复杂的事情，有时候因为自己考虑不周而拒绝别人，不仅给别人带来麻烦，也让自己失去信誉；有时候因为自己心太软而不懂得拒绝别人，最终让自己活得身心疲惫。生活中我们如何做到巧妙拒绝别人而又不伤和气呢？这是值得我们每个人好好思考的一个问题。拒绝也是一门学问，如果不懂拒绝，你的人生会很累。

我们现在来学习不伤和气地去拒绝别人，更是学习"智慧的拒绝"，尊重对方的感受，表达我们的情况，不伤和气是第一。

♛ 尽量不要当众拒绝

在面对很多人的情况下，去拒绝一个人，是非常让对方难堪和没有面子的，对方会难以接受。如果可以私下拒绝，最好不要当众拒绝别人。比如，在职场中，如果上司开会时给我们安排工作任务，有时觉得合情合理，可以接受，但工作任务过重时，我们可能难以完成，这时需要提出自己的想法或拒绝任务的安排。如果当众提出不同想法或拒绝，往往会让上司很难堪，也会有损上司在员工面前的威望，也是对上司的不尊重。如果硬撑下来，勉为其难地完成任务，自己会很累，而且可能无法使上司满意。

当众拒绝会让人十分尴尬，如果遇到对方是很敏感或者面子观很重的人，这样的沟通杀伤力就会很大，所以，我们一般提倡私下拒绝比当众拒绝要好，不直接回绝。比如，"好的，我会好好考虑考虑。"这样的回答既给了他人颜面，也给了自己缓冲的空间。

♛ 学会委婉拒绝

生活当中，无论是谁，都不可能满足别人所有的请求，总要拒绝别人。如果直接说"不"，显得太没有人情味，容易伤害别人的感情，伤害彼此的关系。这时，可以用委婉的方法，间接拒绝，非常必要。拒绝时也要学会态度友善，委婉拒绝。先给予肯定再拒绝，能降低对方"被否定"的感受。与其说"你说的不对"，不如微笑着说"你的建议非常好！只是如果可以再从其他角度来考虑，就会更好了！我们一起探讨一下"。这样拒绝会让对方感受到被尊重、被认可，很容易接受。

♛ 必要时也要直接拒绝

记得在《杨绛传》中，看到这样的故事：杨绛先生曾经被费孝通表白，而杨绛却不喜欢他，所以当他间接地对杨绛说："我们可以做朋友吗？"杨绛就告诉他："做朋友，可以，但只能是朋友。"虽已被拒绝，两个人仍然是朋友。多年后费孝通得知杨绛的丈夫钱锺书去世之后，88 岁的他感觉自己终于有机会了，于是又再一次跟杨绛表白。杨绛这个时候回答他说："楼梯不好走，今后你也不要'知难而上'了。"杨绛先生的两个回复都很有智慧。我们可以

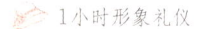

多看看杨绛先生的文章,她不仅有才情,更有情商,通过读她的文字,你会觉得很温暖。

在感情的世界中,干脆直接才是最简单的解决方法,这样生活一段时间后,你会发现自己活得坦率真诚又问心无愧。不要一直给对方希望,要有果断力。一定不要拖泥带水,不搞暧昧,不把别人当备胎,然后潇洒做自己,这样对谁都好。

♛ 学会"自嘲"

有时直接否定别人不如学会"自嘲",这样别人更容易理解和接受。适当贬低自己,可以平衡对方的期望。当你拒绝别人时说:"我不能帮你",不如换个方式说:"我很想帮你,但我确实不会,要有这个技能就好了,你可以问一下张某某。"虽然拒绝了别人,但是也许别人会觉得你很热心,还感谢你的帮助和推荐。

♛ 把"不"变成"换个时间"

如果此时此刻你正忙于工作,这时有朋友打电话约你晚上参加派对,而你的工作很重要又很紧急,你不得不拒绝朋友晚上的活动邀请,这时你可以这样说:"我非常想参加,只是我现在有紧急的事情，如果能早些完成，我就赶过去参加，如果太晚了，我就下次去，好吗？"而不是直接说"不能去"，说"现在不行"而不是说"不"，表明你并没有完全否定对方，对方会更理解、更舒服。

香奈儿女士曾说过：优雅，是懂得拒绝。很多时候，会拒绝，两情相好；不会拒绝，两败俱伤。学会智慧地拒绝，是一种拒绝的境界，不是为了让自己变得圆滑世故，而是让自己的人生更轻松。

宛遥说礼小贴士

✓ 拒绝别人盛情邀请的小妙招：可以用缓兵之计——拖延法。比如，有人要请你吃饭，你可以说这次有其他安排了，下次我们一起去。相信对方会懂你的意思，而不会强人所难。

✓ 拒绝别人，其实是对自己负责，也是对别人负责，不要一直模棱两可，而是要切切实实说出自己的真实情况。

✓ 有时候，拒绝别人，是为了让自己更轻松，不再消耗自己。

✓ 拒绝的方法有很多，但要巧妙拒绝，"不"字在有些场合可以换成其他表达方式。

4. 好好说话

说对话，做对事，人生就是一场"好好说话，好好做事"的修行，说话绝对是一门深奥的学问，是夺人制胜的第一招。会说话，会做事，才能提升自己的竞争力。

听过这样一个小故事：一对新人在一家大饭店里举行婚礼，正好碰上倾盆大雨，新人和赶来的宾客们都难掩失望，以致婚礼的气氛有点低迷。这时餐厅经理走到新人和宾客的面前，拿起麦克风，微笑着高声说："你们看，老天爷赏面子，赶来祝福我们了，这是入春以来的第一场好雨呢！古人都说'好雨兆丰年'。这代表我们的新郎、新娘未来是非常幸福的。有道是雨过天晴艳阳天，就是指今天在座的每一位客人都会迎接更幸运的明天！这样的好日子当然要庆祝，请大家拿起手上的啤酒、果汁、乌龙茶，一起干杯！"话音一落，整个宴会的气氛发生了难以置信的变化，新人和参加婚礼的亲友们都露出了微笑，气氛马上炒热起来了。

也许简单的几句话，不需要华丽的词语，就能让对话者茅塞顿开，能让与之沟通的人如沐春风。如何才是好好说话呢？给大家分享几个说话的技巧。

要有好心态

说话沟通要有好心态，有好心态才会说出好话。

一是真诚的态度。真诚彰显人格魅力，真诚与人沟通，敞开心扉，才能结交真诚的朋友，才能高效沟通。

二是换位思考。很多人一说话就争吵，而且觉得自己很占理，所有的错误都是对方的，很多人总是站在自己的角度考虑问题，这就是我们说的自私，如果以这样的心态与他人沟通，很多时候会沟通不畅。特别是在婚姻中，很多女人总是认为夫妻关系的危机都是由对方造成的，其实不然，很多时候，我们也是有许多方面需要提升的。多分析一下自己，用良好的心态去解决生活中的问题，才会得心应手。

所以从现在起，站在他人的立场上考虑问题，为对方着想，你的话语会事半功倍,也会有强大的说服能量。能够用换位思维去说话、做事,是高手与普通人在思维方式上的分水岭。

注意场合

俗话说,到什么山唱什么歌,见什么人说什么话。同样的话,可能不适合在所有的场合说,场合不对,说话白费。对小孩子,我们就要用孩子的口气,温和讲话,这会让小朋友有安全感,如果和成人用这样的方式沟通,就可谓有些矫揉造作了。说话,还要注意场合,如果不注重场合,说明他不会说话,不懂得说话礼仪。会说话的人一定会顾及场合,否则,再好的话题,再优美的语言也会事与愿违,甚至带来不好的结果。如果在婚礼上,跟新娘开玩笑,揭新娘的短处,会让人很尴尬;如果在生活中,你总是拿腔拿调,很不讨人喜欢;如果在葬礼上,你一直给大家讲笑话,自己还控制不住笑,你想会是什么样的结果;如果你在正式的场合,总是漫不经心,说话毫不在意,我想下次就可能得不到邀请了。

说话一定要分场合,这是很重要的。古训说:慎言者立。慎言的"慎"字有个"心"字旁,就是告诫人们,说话要分清场合,说话前要学会先思考。说话若是不分场合,有时会闹出很多笑话。在生活中,经常听到很多人见面打招呼,说得最多的一句话不是"你好!"而是"你吃了吗?"这也成为很多人的问候习惯。但如果场合不对,就会非常尴尬。

两位熟人在厕所门口遇到了,一位准备进去,一位准备出来,两人几乎同时问了一句:"你吃了吗?"其中一位说:"还没呢,准备吃。"另一位说:"刚吃过了。"在厕所门口,大家相互问候"你吃了吗",不由地让人感觉厕所就是餐厅,是否很尴尬?同时这也说明有些话只能在特定的场合说,换一个环境、换一个场合,意境就变了。

在酒店里,大家正在为一位退休的公务员举办欢送会,整个会场充满了温馨的气氛。这时,一位曾经与退休者相处得不是很友好的同事,突然对他说:"您哪里都好,就是在工作中总是爱找借口,不爱帮助别人,特别自私,还总是……"话语中带着些许抱怨和不满,顿时对方感到很难堪,整个会场瞬间也出现了几秒钟尴尬的沉默。

从中不难看出,这位同事说话不注意场合,不但展现出自己心胸狭窄、不懂规矩、缺乏交际经验,同时还得罪了人。在社交中,为人处事不仅要有智商,还要有情商。讲话一定要看场合,看对象，有的放矢，多考虑别人的感受，你的社交生涯才会更加精彩。

大家都熟悉《红楼梦》里的王熙凤，她是一个会说话的典范，八面玲珑，与不同的人说不同的话，在不同的场合说不同的话。在《红楼梦》第三回中，林黛玉丧父后进京城，小心翼翼初登荣国府时，王熙凤的几段话就展现了她"会说话"的超凡才能。人未到，却先闻其笑，听其声："我来迟了，不曾迎接远客！"尚未出场，就给人以热情的感觉。随后王熙凤拉着林黛玉的手，上下细细打量了一下，送至贾母身边坐下，笑着说："天下真有这样标致的人儿，我今儿算见了！况且这全身的气派，竟不像老祖宗的外孙女，竟是个嫡亲的孙女，怨不得老祖宗天天口头心头一时不忘。只可怜我这妹妹这样命苦，怎么姑妈偏就去世了！"一席话，既让老祖宗悲中含喜，心里舒坦，又让林妹妹情动于衷，感激涕零。而当贾母半嗔半怪说不该再让她伤心时，王熙凤话头一转，又说："正是呢！我一见了妹妹，一心都在她身上了，又是喜欢，又是伤心，竟忘记了老祖宗。该打，该打！"

在现代社会里，也有这类很会说话的人，他们擅用说话的艺术，赢得了大家的赞赏和喜爱，也获得了好的人际关系，在事业上也能抓住机会和遇到贵人。

说话除看场合外，还要看对象。不同的对象，采用的说话方式也是有所差别的。

对家人：交流要用温和的语气。很多人只是对外人很温和，对自己最亲近的家人却乱发脾气，这是不可以的，而是要用最真心的方式和家人交流。

对朋友：要真诚交流，不要拿腔拿调，以平等的方式和朋友说话。

对领导：要以尊重的心态与领导说话，内容要言简意赅，向领导汇报工作中的问题时，要让领导做选择题，而不是问答题。

对平级：要顾及对方的面子，遇事多商量，多站在对方的角度思考，乐于帮助同事。

对下属：说话不要总是摆架子，更要尊重、多体谅下属。

对客户：尊重客户，多拉近与客户的关系，不要急于谈业务，要多思考客户想听什么，这样客户才更容易喜欢上你。

要想成为一个成功的人，就要好好说话，懂得说话的分寸，掌握说话的技巧，这样才会让你事半功倍。

宛遥说礼小贴士

✓ 学会好好说话，说话要分场合、分对象，灵活应用。

✓ 说话也要有高级感,一是要克服口头禅,二是要讲究语速、语调,三是要说好普通话。

5. 与人握手学问大

握手礼是当下社交活动中最常见的礼仪，是礼貌行为，更是礼仪行为。一位学员曾经向我讲起一次亲身经历：有一天，他去拜访张总，来到张总的办公室，马上伸手和张总握手，等了几秒钟，张总并没有与他握手。他突然发现办公室里还有几位男士，顿时觉得好尴尬。其实，学习礼仪不仅可以提升我们的修养，很多时候还能避免尴尬和窘境。

据说握手礼源于原始社会。远古时代，人们以狩猎为生，如果遇到素不相识的人，为了表示友好，就赶紧扔掉手里的打猎工具，并且摊开手掌让对方看看，示意手里没有藏东西。后来，这个动作被武士们学到了，他们为了表示友谊，不再互相争斗，就互相摸一下对方的手掌，表示手中没有武器。随着时代的变迁，这个动作就逐渐成了握手礼。握手礼，是当今世界最为流行的礼节，不只限于熟人，还有陌生人、对手都可以握手。握手通常表示打招呼，表示友好，还常伴随"你（您）好、欢迎、多谢、保重、再见"等话语。一次友好大方的握手，一定可以给对方留下非常好的印象。

握手的方式

给大家分享一个口诀：大方伸手、虎口相对、目视对方、面带微笑、力度七分、三秒结束。

我经常看到一些刚毕业的大学生，初次与别人见面时，也没想对方是否愿意与他握手，就把手伸出去了，如果对方配合还好，可遇到不与他握手的人，情况确实有些尴尬了。所以在握手的时候，有很多的细节需要我们用心去体会和操练，要重点关注以下四点。

尽量满握

在商务场合，要大方伸手，尽量满握，不要蜻蜓点水式地握手。有些女士过于保守，只拿手指和对方简单相握，这会让对方无法感受到你的真诚和热情。

要有力度

握手时的力度要适当，可把握在七分力度，也可握得稍紧些，以示热情，但不可太用力。特别是男士握女士的手时，一定不可太过用力，很多女士会戴戒指，这样会让女士觉得握手成了一种负担。握手的力度也不可太小，太小会让对方觉得你不重视或在敷衍。握手的力度可以体现一个人的自信和职业状态。我们中国人很多时候是含蓄内敛的，所以在握手的姿势上有时也会刻意保持距离，当然内心是很尊重和友好的，实际上却给人一种无力和怠慢的感觉，甚至会激起对方被轻视的不悦感。

把握时长

握手的时间要恰当，长短要因人而异。握手时间控制的一般原则可根据双方的熟悉程度灵活掌握。我们在握手的时候一定要有力度，时间的长短一定要把握好，一般来讲三秒结束就好了。当然凡事不是绝对的，我们也要根据不同的场合及对方的年龄、地位等因素来恰到好处地把握时长。因此，握手时间长短还要因人而异。但当男士与女士握手时，切忌不要一直握着女士的手不放，时间过长，会让女士觉得不舒服，或让女士有一种不被尊重的感觉。

握手顺序

一般遵循"位尊者有优先伸手权"的原则。了解握手的顺序，就能避免尴尬。在职场上，没有男女之分，只有职位高低之分，职场人士握手时，上级先伸手，下级才能接握。社交场合中，女士为尊，女士伸出手，男士才能伸手相握。长者与晚辈之间，长者为尊，长者先伸手。主人与客人之间，客人刚到主人家，主人宜主动伸手，表示欢迎；客人离开时，客人为尊，先伸手，对主人表示感谢、再见。

每次在课堂中讲握手礼时，会有学员问道：如果初次见面，尊者不伸手，对方怎么办呢？这是个好问题，相信也是许多人会遇到的困惑。如果尊者不伸手，对方一般不要伸手，因为伸手有可能尊者不接握，就会很尴尬。但是，我们如何来表示对尊者的敬意呢？教大家一个小方法，鞠躬就可以了。有一种情况可以先伸手，就是你有百分之百的把握，你伸手后，尊者一定会接握，那就可以先伸手。如果一对多握手时，应该按什么样的顺序去握手？一般遵循位尊者优先的原则，也可以按顺时针方向依次握手。

♛ 握手禁忌

握手是为了表达对对方的尊重和友好，握手有相应的礼节，握手的质量表现了你对别人的态度是热情还是冷淡，是尊重还是敷衍。也许我们从内心里是尊重对方的，但可能因握手一个礼节不当，在不知不觉间得罪了重要的人。为了做到高质量的握手，需要注意以下相关禁忌。

忌握手时不专注

握手时一定要专注，应目视对方，面带微笑，表情自然，真诚表达。如果在握手时，东张西望，左顾右盼，对方就会觉得不被重视，甚至觉得你是个不值得信任的人。

忌戴手套和墨镜

手套起到御寒和保护手部的作用，在握手时，为了表达诚意，需要摘掉手套。女士如果戴的是真丝手套或薄纱手套时，可以不用取下。当下，还有的人戴着棉手套，就与对方握手了，这是不可取的。另外，握手时，若没有特殊情况，需要先摘下墨镜，再与对方握手。

忌用左手

在很多地方，如新加坡、马来西亚、泰国、印度等国家，左手是不洁之手，也是不祥之手，左手是不可以与人接任何物品的。右手为洁净、友善之手，用于递接物品，也是表达对对方的尊重和友好。握手时，切忌不用左手，要用右手。以前有学员问道："老师，什么样的人才可以用左手呢？左撇子的人可以吗？"答案是，左撇子的人也是不可以的。只有左手，没有右手的残障者，才可以用左手。

忌同时和两个人握手

如果在同一场合中遇到很多人，同时两个人要和你握手，也不可以同时和两个人握手。同时与两个人握手是交叉式握手，右手和左手分别同时和对方相握，这是非常不礼貌的，与两个人交叉握手会形成十字架的图案，在西方国家是不吉利的。如果遇到两个人或多个人，我们要按一定的顺序，一一握手。可以选择从近到远，也可以选择从尊者开始依次相握。

忌时间过长

有人习惯握住对方的手,好久不松开,也许是为了从心里表达那份热情和尊重,但会给对方带来压力感,会让人觉得不舒服。握手本身是友好的招呼性礼节,如握手时间过长,就会适得其反。

忌语言不当

握手时应礼貌性地说:"您好!很荣幸认识您!"适当的寒暄即可,但如果一直说个没完,过于客气,反而不好了。礼仪表达的是恰到好处地尊重对方,让对方感觉到舒服和愉悦,过犹不及的话,反倒不好了。

我们在握手的时候一定要用心地体会如何来做,让对方感受到我们是尊重对方的。我经常讲礼仪不是呆滞死板的教条,让对方感受到舒服和备受尊重的感觉就很好。

宛遥说礼小贴士

✓ 与他人握手时,目光注视对方,微笑致意,不可心不在焉、左顾右盼,不可交叉握手,更不可戴手套与人握手。

✓ 握手顺序要讲究,避免尴尬现象。一般来讲,位尊者有优先伸手权，在职场上没有男女之分，只有职位高低之分；在社交场合，女士为尊，女士先伸手；在长者与晚辈之间，长者为尊，长者先伸手。当然，有一种特殊情况可以不考虑顺序就先伸手，那就是百分之百地相信对方一定会和你握手。

6. 微信礼仪不可忽视

近几年，微信已成为大多数人在生活、学习、工作中使用的重要工具。但对于使用微信要注意哪些礼仪，很多人并不清楚，因此也会经常造成一些误解，给对方留下不好的印象，甚至影响了工作和社交。

曾经有一位学员讲，她晚上接到一位客户的视频电话，感觉很恐怖，后来才知道对方想打语音电话，不小心拨成了视频电话。在职场中使用微信时，有很多细节值得注意，当老板安排工作时，很多员工会回复"好"，其实是不合适的。上级回复下级，可以说"好"，但下级回复上级，要说"好的"才更为妥当。其实这就涉及微信礼仪的问题了。

在现实社会，我们在很多时候都要遵守必要的行为规范，在使用微信中，也要讲"微礼"，让对方感到舒服，进而赢得更好的人际关系。今天我跟大家聊一下，我们在生活中需要注意的微信礼仪。

👑 尽量少问"在吗"

记得很多年前使用 QQ 软件时，会看到两个字"在吗"。其实"在吗"在很多情况下会耽误很多事情。我也经常收到这两个字的问话，有一次我的一位学员问："老师，在吗？"当时，我正在上课，是不看手机的。等下课后，回复她："在。"之后，好久都没看到这位学员的对话，到第二天，她又问了我同样的话"在吗？"，我又在上课……其实很多时候，尽量少问"在吗"这两个字，我在，你不在；你在，我不在。如果有重要的事情，一定会耽误。如果有事情可以直接文字留言，对方看到后，马上回复，不仅提高了工作效率，同时感受也会好很多。除了"在吗"这两个字外，还要少用"嗯""哦"，文字表达一定要言简意赅，积极向上。

👑 不要打错字

如果聊天打错字，有时真的可以让人笑疯和尴尬……比如，"你能货到付款吗？"打成了"你能活到付款吗？"还有很多人打错名字，我的名字是李宛遥，有学员微信我："谢谢亲爱的李碗窑老师，听了你的课，真的是受益匪浅。""宛"字写成了"碗"，"遥"字写成了"窑"，一字之差，谬以千里。大家发文字时，一定要审视后，再发送给对方，避免造成误会。

👑 发语音要看对象

语言发送对于发送者来讲，是很方便的，但能打字就尽量打字沟通，如果要发语音也要多考虑一下对方的感受。对于听语音的人来说，效率会很低，尤其是很多条长语音。当对方正在开会或是在外面嘈杂的地方时，是不方便听语音的。另外发语音时，也要看对象。如果是上级领导，最好用文字来表达，领导对员工发语音无可厚非，但作为员工或下级来讲，尽量用文字或打电话请示或汇报工作为妥。

很多语音，我们听起来是需要一定时间的，尤其对于普通话不标准的语音，听起来还会很吃力，如果收到多条语音，往往因时间关系也可能听不完，就无法做到及时回复。特别是对于急事，不能像文字那样一目了然。而发文字沟通，会在很短的时间内看完，立马就能判断出事情应该如何处理。对于接收者来说，文字和语音是完全不一样的体验。在职场中，无论是对同事还是对上级领导，都应优先用文字沟通，这样方便快速接收信息。

♛ 要定期回复

对于很多信息，我们不能保证随时回复，但我们可以在闲暇时，通过浏览一遍消息列表，用几分钟的时间回复信息，特别是重要的人或事，一定要回复对方。如果真的未能及时回复，也可以作一个解释：很抱歉，今天太忙了，没能及时回复。这样对方看到后，也会感受到你的重视和尊重。语音是工具，是为了方便我们的生活，如果你因此给对方带来了麻烦，就要改变沟通习惯了。

👑 语音电话要慎用

当我们突然接到一个语音电话,而且打电话的人我们并不熟悉,请问你是什么感觉?相信很多人都会觉得不适应。语音电话方便了工作和交流,但不要轻易给对方打语音电话,如果确实需要沟通,可以征求对方同意:现在方便语音通话吗?对方同意后,再拨打语音电话。特别是在休息时间,或是和不太熟悉的朋友联系,要慎用语音电话,直接打语音电话会让对方觉得你是个没有礼貌的人。

👑 不要公群私聊

相信我们都有几个微信群,你有没有在群里见到过这样的情况:两个人在群里私聊。这样是很不礼貌的,还有在群里不停地发语音,这些都是对群里其他人的不尊重,应该到微信小窗进行聊天。

人和人之间的交往,要尽量做到多为别人着想。不麻烦别人,不打扰别人,就是美德。微信中人与人的交往,礼仪越周到,你就会在微信朋友圈给别人留下更好的印象，你在朋友圈的影响也会随之越好。

宛遥说礼小贴士

✓ 使用微信，一定要把握好微信聊天的方式和时间，省去"在吗""有空吗"之类的语言。

✓ 在微信中，领导安排工作，你回复同意时可以用"好的"，而不要用"嗯"。

✓ 微信使用中，打字沟通为优先选择，尽量少用语音，尤其是不可以连发很多条的语音，这会令对方感到尴尬和无奈。

7. 宴请，吃出来的机会

有人说一顿饭的时间，就能让你了解一个人。餐桌礼仪见修养，其实很多细节就已经在餐桌上暴露了。

李嘉诚作为商业界的大亨，坐拥千亿资产，被称为"商业教父"，为世人所敬仰。他的饭局文化也展露在了大众的视野中。李嘉诚的饭局，也让人看到了他的教养。李嘉诚非常注重每次和家人一起进餐，在饭局上，他对用人都是彬彬有礼的，对端汤的用人都会连声说"谢谢"。

越成功的人，越重视生活中的礼仪细节，因为他们深知细节决定成败。餐桌礼仪在中国是一门非常深奥的学问。每个人每天都要吃饭，如何在餐桌上举止得体，是每一个人都要掌握的技能。

有人说，男人婚前对待服务员的态度就是婚后对待老婆的态度，此话可能有点极端，但无论在商务饭局还是私人饭局上，你怎么对待服务员，反映的不仅是礼貌和教养，还有情商。对服务员一味地指责和威胁，可能会让上菜速度变得更慢，而高情商的朋友会这么说："小姑娘，你看你这么漂亮，又这么麻利，一定能让我们的菜更快端上来对吗？谢谢你！"

能够考虑别人的感受，选择适合大家口味的菜品，订合适的餐厅，吃饭时要细心配合宾客的进餐速度，宾客吃完之前不可以放下筷子，和宾客保持同频的进餐节奏……这些细节无时无刻地都在彰显你的修养。

在生活中也会看到很多这样的场景：在婚礼上，很多家长会带孩子参加，让我记忆犹新的是，服务员刚把菜品上桌，小孩子就全都站起来夹菜。我当时问过一个孩子，"为什么要站起来呢？"他的回答是："妈妈说了，够不着就站起来。"很多孩子习惯的养成，也是受家长朋友们的影响。父母是原件，孩子是复印件，家长是孩子最好的老师。

在线下课堂上，我多次问学员：孩子有没有学习过专业的礼仪课程？有多少家长教过孩子进餐礼仪呢？绝大多数学员回答说："没有教过"。我问："为什么不教呢？"回答："我也不会啊。"其实，很多孩子的礼仪教养是通过家长的言传身教而获得的，无论是与人交往、打招呼，还是进餐礼仪，家长的言行举止对孩子的影响都非常大。

而当很多成年人也不是很了解日常礼仪常识的时候，如何来影响下一代呢？在当今社会，你不学习，比你优秀的人还在学习，这是多么可怕的事情。"仓廪食而知礼节，衣食足而知荣辱"，当下，你的形象、礼仪非常重要，你可能和别人吃一顿饭，别人就能决定是否和你合作，从而决定你的财富。

♛ 形象要装饰

参加一些社交活动，赴宴用餐时，应适度装扮自己。女士要化淡妆，男士要仪容整洁。穿衣要得体，特别是在一些正式的场合，如着装不雅，就会被视为不尊重主人，下次你可能就拿不到主人的邀请函了。

♛ 聚餐要守时

参加宴请或活动聚餐，要有时间观念，不要迟到。到达过早或过晚，都是失礼的表现。时间一定要把控好，另外，没有特殊情况，也不要早退，否则也会给人一种不重视这次活动的感觉，也是对邀请者的不尊重。

位次要合理

在中国传统中，位次是非常讲究的，排座次也是一门学问。座次是遵循"面门为尊""以右为尊""背景为尊""以远为尊"的原则。通常情况下，商务宴请时，要按照"右高左低"来安排大家的座位，主人坐在面门的、居中的或是有背景的尊位（1号位），1号位的右边为2号位，1号位的左边为3号位。如此一右一左，按顺序排列。

如果你是聚会的组织者，你应该提前到达，然后在靠门位置等待，并为来宾引座。如果你是被邀请人，那么在入座时，一定要让长辈、领导先坐，根据自己的身份，找到合适的位置，不要越级坐。

用餐要讲礼

①入席后，用餐仪态非常重要，要保持背部挺直，用餐交流倾听时，双手手腕可放在桌子边缘。

②入席后,不要立即动手取食,而应待主人打招呼并由主人举杯示意开始时,才能动筷。

③夹菜时要讲究文明,不夹"过河菜",让菜不夹菜。

④吃饭时,不要有吧唧嘴的声音、喝汤的声音,而且要细嚼慢咽,不能狼吞虎咽。

⑤与人交流时,不要嚼着食物和别人聊天,要等食物下咽后再讲话。

⑥嘴里的骨头和鱼刺不要吐到桌子上,可用餐巾纸掩口,用筷子取出来放到碟子里或放到餐巾纸上再包好。

⑦需要剔牙时,要用牙签,且用一只手挡住嘴,或到洗手间处理,千万不要在餐桌前用手指或筷子来剔牙。

⑧避免大声喧哗,需要时招呼服务员可用手示意,切忌高声大喊。

⑨长辈、长者先动筷,剩下的人才能动筷,如果菜一上来就吃,那是很不礼貌的。吃饱之后不要马上离开座位,等主人宣布结束时,方可离席。

⑩用餐时要谈笑风生,保持愉悦的用餐氛围。

喝酒要得体

俗话说：无酒不成席。酒文化是非常重要的，如何愉快而得体地喝酒，一定要注意以下几个细节：

①长辈或者领导相互敬完酒后才轮到自己敬酒。

②可以多人敬一人，决不可一人敬多人，除非你是领导。

③自己敬别人，如果不碰杯，自己喝多少可视情况而定，比较对方酒量、对方喝酒态度，切不可比对方喝得少，要知道是自己敬人。如果碰杯了就一定要喝完，叫"喝起"。

④在商务或社交场合中，尽量做到敬酒不劝酒。

⑤在敬别人的时候，自己的酒杯一定要低于对方的。

宴请是一面镜子，能照出一个人的文化、修养、学识，学习宴请礼仪，可增进宴请双方的信任度，很多商务合作意向就是在餐桌上达成的。

宛遥说礼小贴士

✓ 有时一些令人难堪的情况会突然发生，你需要冷静处理以免打扰大家的用餐。

✓ 如果你不小心将饮料洒到别人身上，请先照顾这个人，再处理洒在桌子上的饮料。

✓ 如果你掉了食物，请用匙子和勺子将其放回自己盘子的边上，不要再吃。

✓ 如果你吃到了很辣或者味道奇怪的食物，请不要慌乱，要悄悄地吐出来放在面巾纸上包起来，放在盘子的旁边。

✓ 如果有食物粘在牙齿上用舌头也无济于事时，请表示歉意，然后去卫生间处理。千万不要在餐桌前用手指或牙线来剔牙。如果使用牙签，一定要用另外一只手遮挡。

8. 职场中的拜访礼仪

职场礼仪是自我修养的展现，一个人在职场中想抓住更多的机会，就要做到彬彬有礼、落落大方，遵守职场礼节。职场中如何恰到好处地拜访客户，让客户感受到尊重和信赖，从而让洽谈更顺畅，这是每位职场人士需具备的一项能力，特别是销售人员事前必须努力准备工作内容与策略。

礼仪决定细节，细节决定成败，拜访礼仪一定注重细节，要提前准备，才能提高工作效率，让工作事半功倍。

♛ 个人形象

得体的职场形象，会给对方留下更好的印象。拜访前要认真揣摩对方的行业、喜好，根据不同对象的特点选择适合的着装。如对方是政府机关工作人员，你的穿着就不要太时尚，穿衣颜色不要过于艳丽，着装要以黑、蓝、灰为主打色系，衣服样式简单大方、干净得体。一般情况下，登门拜访时，女士应着深色套裙、套装、中跟浅口深色皮鞋配肉色丝袜；男士最好选择深色西装或蓝色衬衣，外加黑色皮鞋、深色袜子。

♛ 准时赴约

拜访时，一定要守时，守时并不等同于准时，可提前到达，但不能迟到。建议提前 10~30 分钟到场，这样可以提前做一些准备，整理一下资料和形象，理理思路。千万不可迟到，这是最失礼的。很多人会以堵车、临时有急事为迟到理由，这些都是对被拜访者的不敬，也是对工作不认真的表现，被拜访者会对你产生看法。如临时有事，到达不了约定的地点，一定要提前通知对方，再次预约，态度要真诚、一定要记住向对方郑重其事地道歉，这也是对被拜访者的尊重。

♛ 准备礼物

无论是初次拜访还是再次拜访，礼物都不能少。小小的礼物，却能起到增进感情、加深印象的效果。选礼物也要上心，不是随便哪一个礼物都可以送。礼物轻重要得当，礼物太轻，很容易让对方误解为你看不上他，礼物太重，又有受贿之嫌。因此，送礼不是一件简单的事，一定要了解对方的身份、喜好、品位、需求和禁忌，否则送礼会送出麻烦来。

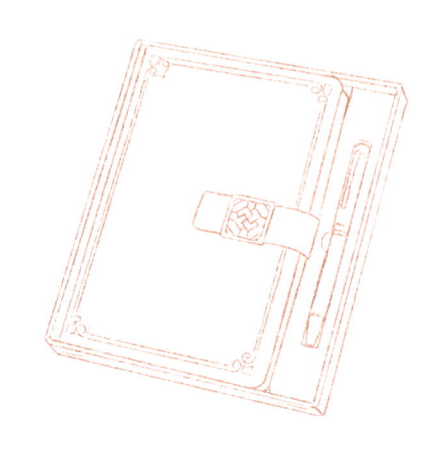

多年前，一位上海的朋友讲过这样的一个故事：有一个人去医院看望病人，不知道带什么礼物好，想了半天，觉得带点水果会更好，于是他买了一袋苹果去医院看望病人，结果对方把一袋苹果给扔了出去，现场气氛非常尴尬和不愉快。后来才得知，病人是上海人，在上海方言中，"苹果"跟"病故"二字发音相同，送去的苹果就成了诅咒，结果弄得不欢而散。这就是人们常说的"好心办坏事"。

准备礼物一定要考虑全面，有针对性地选择礼物，被拜访者就会觉得你很上心、用心，而且感到自己备受尊重。

👑 登门有礼

举止大方

登门拜访切忌不拘小节，失礼失仪。要主动向对方问好，互行见面礼节。如有多人在场可按顺序依次问候，其一，是先尊后卑；其二，是由近及远。若被拜访者有其他客人在座，要考虑一下自己是否会影响对方，表达歉意，同时对其他客人要以礼相待，一视同仁。坐下后，女士双腿并拢，不可分膝，更不能抖腿，上半身挺直，不可含胸塌腰。

讲究时间

初次拜访，时间不宜拖得太长，说话言简意赅，要在最短的时间里表达你想要说的内容。拜访要达到什么目的，事先要有打算，以免拜访时跑"马拉松"。若无要事相商，停留时间不要过长、过晚，影响对方工作，就不礼貌了。初次登门拜访，应控制在半小时之内。如看到对方不乐意接待或有厌客之意时，更要主动告辞。另外，拜访的时间点也有讲究，尽量避开休息时间、开会时间。一般来说，上午9点以后，下午2点以后，是比较适合拜访客户的时间。最好提前预约，避免对方有会议或正忙于工作。

不接电话

拜访中，可能会有电话打进来，建议不要接听电话。如拜访很重要，可以提前将手机调成静音状态，避免影响谈话。经常看到很多人在洽谈重要事情时，电话响起，然后就开始接听，甚至接听时间过长，这些都是失礼的表现。在拜访中，如长时间接听手机，会让对方觉得你不重视他，不被尊重。当然，如真有重要事情需要接听，在接电话前请对方允许后方可接听，即使接听电话，时间也要简短，这样才不会失礼。

道别礼仪

道别时要和主人或其他客人一一道别，说"再见""谢谢"。主人送别时，要回身主动与主人握别，说"请留步"。拜访礼仪讲究有始有终，每个细节都在展现你的修养。

某公司总经理计划向办公家具公司采购家具，价值数百万元。一天，办公家具公司的负责人来拜访总经理，按原计划总经理会与他签署购买协议，定下这单生意。办公家具公司的负责人来到总经理的办公室，不料总经理临时有会，让他稍等一会儿。过了半小时后，负责人有点心急了，一边收拾放在桌上的资料，一边跟总经理的秘书说："我改天再来吧，还不知道再等多久，我就先走了，回头再来。"这时总经理刚回来，看到办公家具公司的负责人正在收拾资料，还把总经理的名片掉到了地上，但对方并没有察觉，更让人遗憾的是，这位负责人无意中还从名片上踩了过去。后来，总经理改变了初衷，取消了与办公家具公司的大单。

商务拜访礼仪是决定拜访成功与否的决定性因素之一，也是个人素养的集中体现，若对商务礼仪运用不当，会带来无法估量的损失。

宛遥说礼 小贴士

✓ 拜访客户一定要注重自身形象，形象是你的第一张名片，得体的形象会给对方留下良好的第一印象。

✓ 拜访领导时握手，要等领导先伸出手，然后再伸出手接握。特别是初次见面，切忌不要主动向领导伸手。

✓ 要善于倾听。对方讲话时不要轻易打断，无论在社交场合还是在工作中，善于倾听都是一个人应有的素养。

附录 作者培训现场及相关活动的照片

本页所示两图均为《魅力女性》课程培训现场

图为《气场能量》课程培训现场

图为《演讲礼仪》课程培训现场

图为《形象礼仪》课程培训现场

图为《沟通礼仪》课程培训现场

图为《你的礼仪价值百万》课程培训现场

图为《你的礼仪价值百万》课程合影

图为作者与恩师世界礼仪皇后Miss Dally在一起

图为《社交礼仪》课程培训现场

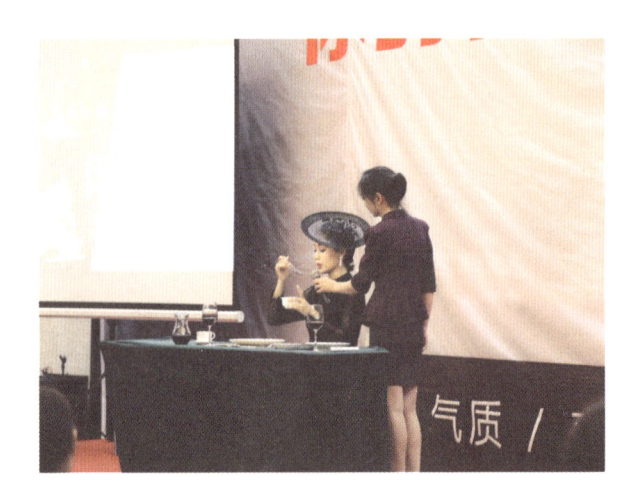

本页所示两图均为《中西餐礼仪》课程培训现场

本页所示两图均为《穿出品位》课程培训现场